CALLWEY

Einfamilienhäuser von 1900–1960 modernisieren

Hans Weidinger

Einfamilienhäuser von 1900–1960 modernisieren

Renovieren – Anbauen – Umbauen – Aufstocken

...rund ums Haus

„Warum ...

... wird das Naheliegende, Schwierige so selten versucht? Warum begegnet man in jüngeren Architekturen so wenig Vertrauen in die ureigensten Dinge, die Architektur ausmachen: Material, Konstruktion; Tragen und Getragenwerden, Erde und Himmel, und Vertrauen in Räume, die wirkliche Räume sein dürfen; Räume, zu deren raumbildender Umhüllung und raumprägender Stofflichkeit, zu deren Hohlform, deren Leere, Licht, Luft, Geruch, Aufnahmefähigkeit und Resonanzfähigkeit man Sorge trägt?"

Der Schweizer Architekt Peter Zumthor in „Architektur Denken"

Inhalt

Über dieses Buch

Foto: Lukas Roth

In diesem Buch geht es um Architektur, nicht ums Bauen und erst recht nicht ums Heimwerken. Modernisierung von Einfamilienhäusern ist ein wichtiges Thema; aber wir wagen uns auf ein Terrain vor, das laut Statistik zu mehr als 75 Prozent in Bastlerhänden liegt. Am Anfang steht oft eine harmlose Annonce in der einschlägigen Tageszeitung: „Älteres Einfamilienhaus, vier Zimmer, Küche, Bad, renovierungsbedürftig, günstig zu verkaufen." Damit beginnt mancher Traum – und auch mancher Albtraum! Wer nicht schon Besitzer eines Eigenheims ist, kennt den Wunsch nach einem Häuschen im Grünen aus eigener Anschauung oder zumindest von Freunden oder Bekannten. Wenn man bedenkt, dass in Deutschland nur knapp ein Fünftel der Wohngebäude – darunter 15 Prozent Einfamilienhäuser und 35 Prozent Reihenhäuser und Doppelhäuser – jünger als 20 Jahre sind, stehen diesen demnach etwa 80 Prozent ältere Wohnbauten gegenüber, die der nachrückenden Generation zukünftig als Wohnraum dienen werden.

Jüngste Zahlen vom Statistischen Bundesamt in Wiesbaden unterstreichen diesen Trend: Etwa 24 Millionen Altbauwohnungen sind vor der unter dem Schock der Ölkrise entstandenen Novellierung der ersten Wärmeschutz-Verordnung im Jahre 1977 errichtet worden und stehen damit akut zur Modernisierung an. In den Nachbarländern Österreich und Schweiz ist die Situation nicht anders. Wir sollten also unsere Wunschträume schon einmal dahingehend korrigieren, dass vielleicht auch die Vielzahl der Altbauten die Wünsche der „Generation X" erfüllen könnte.

Jenseits aller trockenen Zahlen und Statistiken gibt es aber auch andere triftige Gründe, die für ein Umdenken sprechen. Ökologische Aspekte gewinnen mehr denn je an Bedeutung. Das kritische Umweltbewusstsein des Einzelnen wurde geweckt – Umweltkatastrophen haben einen entscheidenden Anteil daran. Energieeinsparung ist in aller Munde und damit endgültig zum Thema beim Bauen geworden. Eines lässt sich klar ablesen: Die Kernkompetenzen in der Bauwirtschaft müssen sich noch weiter in Richtung Umbau und Umnutzung bewegen. Sofern nicht ohnehin schon geschehen, deutet alles darauf hin, dass wir uns mit dem in der Fachsprache so genannten „Facility Management", der optimierten Betriebsüberwachung unseres baulichen Erbes, eingehender befassen müssen: Zum Beispiel mit der

Lebensdauer von Einzelbauteilen, mit dem Recycling von Baustoffen. Mag dies dem Besitzer eines Einfamilienhauses viel zu komplex für sein kleines, überschaubares Heim erscheinen, so wird er zunehmend in durch reglementierende Eingriffe des Staates in seine vermeintliche Privatdomäne eines Besseren belehrt. Wie bereits angemerkt, galt diese Welt des Privaten bisher als Territorium der Bastler und der kleinbürgerlichen Idylle. Doch stimmt diese Einschätzung noch? Verschachtelte Grundrisse und kleine Fassadenöffnungen vermitteln zwar oft – im Vergleich zu Neubausiedlungen – eine muffige Atmosphäre, bieten dafür aber ein intaktes Umfeld mit Läden, Kleingewerbe und eingewachsenen Gärten. Bekannterweise ist die Qualität dieser Häuser mehr oder weniger stark durch den „Zahn der Zeit" in Mitleidenschaft gezogen worden. Überalterte Bäder und haustechnische Anlagen wurden meist schon seit Jahrzehnten nicht mehr an die heutigen Standards angepasst. Wer sich mit diesem Problem auseinander setzt, entdeckt bald eine Flut von Ratgebern, Broschüren und Fachbüchern, die gelegentlich fragwürdige Informationen bieten. Für den Laien ist es schwer, die Spreu vom Weizen zu scheiden.

Projektauswahl

Dieses Buch will weniger als Planungsanleitung sondern als Beispielsammlung dem Leser dazu verhelfen sich ein Bild über die Bandbreite des Begriffs „Modernisierung" zu machen. Es soll der landläufigen Auffassung, beim Umbau auftretende Fragen ließen sich von den Beipackzetteln x-beliebiger Baumarktangebote erschöpfend beantworten, entgegengetreten werden. Nicht nur die angestrebte Gestaltung bleibt oft weit hinter den Erwartungen zurück und trägt zur „Verschandelung" ganzer Straßenzüge bei.

Auch die technische Lösung baukonstruktiver Details lässt oft mehr Fragen offen, als sie tatsächlich beantwortet. Alle Fachleute sind sich darin einig, dass gerade im Bereich der Altbau-Modernisierung Fachkompetenz unabdingbar ist. Mit einem erfahrenen Architekten an der Seite können Bauherren unter Einbindung weiterer beratender Ingenieure gute Ergebnisse erzielen und, langfristig gesehen, auch Kosten sparen. Die vorgestellten realisierten Umbauten zeigen eine Palette verschiedener architektonischer Anforderungen auf, wobei sich die Anzahl der Wohnhäuser mit oder ohne Erweiterungen in etwa die Waage hält. Dabei kann der Eingriff in die vorhandene Bausubstanz, analog zu einer chirurgischen Operation, von einer leichten Überarbeitung, über eine mittlere Sanierung bis zum totalen Rückbau auf das konstruktive Skelett gehen. Geografisch deckt die Auswahl fünf Länder ab: Neben Projekten aus den Alpenländern Österreich, Schweiz und Liechtenstein finden sich hauptsächlich Beispiele aus Deutschland und ein Projekt aus Luxemburg. Wesentliches Kriterium für die Auswahl bildeten architektonische Qualität und ein schlüssiges Entwurfskonzept, das den Bestand maßgeblich mit einbezieht oder sogar aufwertet. Die Reihenfolge der Projekte richtet sich chronologisch nach dem Baujahr des Bestands.

Aufteilung in zwei Bände

Das vorliegende Buch erscheint als der erste Teil von zwei Bänden. Damit soll der baugeschichtlichen Zweiteilung der Bautätigkeit des letzten Jahrhunderts Rechnung getragen werden.

War von der Jahrhundertwende bis zum Zweiten Weltkrieg der traditionelle Ziegelbau mit Holzbalkendecken vorherrschend, so begann spätestens ab 1960, mit dem Beginn des Wirtschaftswunders, die massenhafte Umsetzung des Siedlungsbaus mit Beton und chemisch erzeugten Zusatzprodukten als neuen Baustoffen. Dieser Konstruktionsunterschied zieht bei Eingriffen in die vorhandene Bausubstanz natürlich auch eine andere Vorgehensweise nach sich.

Mag die Unterscheidung auf den ersten Blick nicht ganz zweifelsfrei und deshalb auch angreifbar erscheinen, so wird diese Aufteilung durch Berücksichtigung eines weiteren Gesichtspunkts unterstützt: Bis 1960 waren in Einzelhäusern, abgesehen von bürgerlichen Villen, Grundriss und Wohnfläche relativ bescheiden. Erst die Wohnbauten nach 1960 boten deutlich mehr Platz. Die Modernisierung älterer Wohnbauten geht fast immer mit Grundrissänderungen einher. Die Gebäude vor 1960 werden deswegen normalerweise auch additiv durch Aufstockungen oder Anbauten erweitert, um moderne Flächenstandards zu erreichen.

Nach Abbruch des Daches wurde die Aufstockung im Massivbauweise aufgestellt. Die unaufdringliche Detailsprache ist dem ländlichen Bauen verpflichtet.
Architekten: Wenzl+Huber
Fotos: Archiv Architekten

Zeichnungen

Die den einzelnen Projekten beigefügten Pläne sind im Maßstab 1:200 (das heißt: 1 Zentimeter des Planes entspricht in Wirklichkeit 200 Zentimeter oder zwei Meter) abgebildet, sofern nichts anderes vermerkt ist. Aus Platzgründen sind nur die für den Umbau relevanten Grundrisse dargestellt. Zum Teil werden diese durch einen maßgeblichen Schnitt oder eine Isometrie ergänzt. Das Layout wurde der leichteren Verständlichkeit halber vereinfacht: Der Bestand ist grau, die neuen Bauteile sind schwarz dargestellt. Ebenso ist in der Regel ein nicht maßstäblicher Lageplan beigefügt. Das jeweils beschriebene Projekt wurde dort rot hervorgehoben.

Baudaten/Leitsystem

Die Absicht des Autors besteht nicht darin, dem Leser eine Do-it-yourself-Anleitung zu suggerieren, sondern ihm die Notwendigkeit fachkompetenter Begleitung vor und während der Arbeiten ans Herz zu legen. Zu jedem vorgestellten Projekt werden deshalb die wichtigsten Baudaten dargestellt. Neben dem Baujahr und der Konstruktionsweise des Bestandes finden sich Angaben über Grundstücksgröße, Veränderung der Wohnfläche, die Anzahl der Bewohner und ungefähre Baukosten (inklusive der Mehrwertsteuer, jedoch exklusive der Planungs- und Erschließungskosten). Verzichtet wurde dagegen auf für den Leser ohnehin schwer nachvollziehbare Daten wie den Jahresheizwärmebedarf oder vergleichbare bauphysikalische Faktoren.

Wichtig ist es jedoch, die klassische Definition von der Aufgabenstellung über Bedingungsparameter bis zum Lösungsansatz unter Hinweis auf die hauptsächlich verwendeten Baumaterialien und Konstruktionskriterien zu umreißen. Eine solche Übersicht befindet sich deshalb zu Beginn jedes Projektes. Ein Leitsystem am Ende des Buches führt auf schnellem Wege zu Projekten mit spezifischen Sanierungsschwerpunkten, Besonderheiten wie Denkmalschutz-Anforderungen oder niedrigen Quadratmeter- bzw. Gesamtkosten.

Grundlagen

Semantischer Ausflug

Mit der romantischen Bewegung im 19.Jahrhundert wuchs beim europäischen Bildungsbürgertum ein Bewusstsein für „Denkmäler" aus vorangegangenen Geschichtsperioden. Im Umgang mit der alten Bausubstanz fanden manche Fachbegriffe, häufig lateinischen oder griechischen Ursprungs, aus dem gehobenen Sprachgebrauch Eingang in die Alltagssprache, die später im Glossar des profanen Wohnbaus zu finden waren.

Einer dieser Termini lautet „Sanieren", was wörtlich übersetzt, „gesund machen oder heilen" meint. Im Bauwesen versteht man darunter, dass ein Gebäude wieder in einen intakten Zustand versetzt, oder durch Renovierung, Modernisierung, Abriss alter Gebäudeteile und den Bau neuer Gebäudeteile umgestaltet wird. Dagegen setzt Renovierung den Akzent mehr auf das lateinische Adjektiv „novus", welches „neu" bedeutet. Da sich das „Neue" mit „Gesundem" gleichsetzen lässt, kann Renovieren fast gleichbedeutend mit Sanieren verwendet werden.

Eindeutigen Hinweis auf denkmalpflegerisches Vorgehen bei einer baulichen Veränderung an alten Gebäuden geben dagegen die beiden Begriffe „Restaurieren" und „Rekonstruieren". Während der erste Fachausdruck verwendet wird, wenn ein Bauwerk sorgfältig ausgebessert und wieder in seinen ursprünglichen Zustand gebracht wird, bedeutet der zweite, dass fehlende Bauteile ergänzt und im Sinne des ehemaligen Erscheinungsbilds der ursprüngliche Zustand wiederhergestellt oder nachgebildet wird.

Nebenbei bemerkt, weist diese Unterscheidung auf einen alten Richtungsstreit in der Denkmalpflege hin. Außerhalb der Denkmalpflege ist die Terminologie eher unscharf. Strittig ist die Verwendung des Begriffs „Modernisierung", der aus dem Adjektiv „modern" abgeleitet wird und laut Duden auf zwei Bedeutungen fußt: auf der nahe liegenden Konnotation, dass etwas der gegenwärtigen Mode oder dem Zeitgeist entsprechend ästhetisch umgestaltet wird, und auf dem Gedanken, dass etwas nach den neuesten technischen oder wissenschaftlichen Erkenntnissen ausgestattet oder verändert wird. Tatsächlich können also beide Bezeichnungen nebeneinander gelten, auch wenn sich der Schwerpunkt im Bauwesen im Moment auf die zweite Teilbedeutung verschiebt.

Modernisieren mit Konzept

Luigi Snozzi, Protagonist der Tessiner Architekturszene, bringt es auf den Punkt: „Jeder Eingriff bedingt eine Zerstörung. Zerstöre deshalb mit Verstand." Was so einleuchtend klingt, bedarf allerdings nicht nur langjähriger Erfahrung, sondern auch eines klaren Konzepts. Einige Entwurfsfaktoren prägen den Umgang mit Altbauten wesentlich und lassen sich zu drei systematisch unterschiedlichen Ansätzen verdichten:

1. Die konservierende Methode besteht darin, dass die wesentlichen oder prägenden Teile eines Altbaus belassen werden. Die Umbauten beschränken sich auf geringe Eingriffe hinter der Fassade. Dies bietet sich dann an, wenn das Raumangebot ausreichend und die Hauptkonstruktion gut erhalten ist. Die Modernisierung beruht dann in gezielten Maßnahmepaketen auf rein technischen Sanierungen.

2. Wenn dagegen der Altbau in seiner Form und Konstruktion komplett oder teilweise entkernt werden muss, spricht man von der subtraktiven Methode. Diese kann so weit gehen, dass zum Beispiel nur die Außenmauern belassen bleiben, während dahinter ein komplett neues Haus entsteht. Eine solche Lösung bietet sich dann an, wenn ein großes Flächenangebot in einem Gebäude mit großen Geschosshöhen untergebracht werden muss und kein weiterer Bauplatz zur Verfügung steht.

3. Die häufigste Form der im Buch benannten Projekte unterliegt der additiven Methode. Wenn der Altbau räumlich zu eng ist, jedoch in seiner Form im Wesentlichen belassen werden soll, bieten sich neu gebaute Erweiterungen an. Diese lagern sich vertikal als Aufstockungen oder horizontal als Anbauten an den Altbau an.

Gründe für eine Modernisierung

Jedes Gebäude, darunter auch die Einfamilienhäuser privater Bauherren, unterliegt einem vorhersehbaren Alterungs- und Abnutzungsprozess. Innerhalb des Lebenszyklus eines Gebäudes stehen an besonders beanspruchten Bauteilen wie Dächern, Fenstern oder Türen ohnehin im Zuge des Bauunterhalts Nachbesserungen oder der Austausch von schadhaften Teilen an.
In der Regel wird bei einer heute üblichen Lebenszeit eines Gebäudes von

Das Grau des kantigen Anbaus ordnet sich dem Haupthaus unter und ergänzt in zweiter Reihe die von der Straße nicht sichtbare Baulinie der bestehenden Rückgebäude.
Architekt: Hans Kneidl
Foto: Archiv Architekt

80 bis 100 Jahren durchschnittlich mit drei bis vier Sanierungen gerechnet. Auch wirtschaftliche Gründe sprechen für eine Modernisierung. Ein cleverer Besitzer, der nach einer Kosten-Nutzen-Analyse zusätzlich die Rendite seines Hauses und damit den Erhaltungsaufwand im Auge hat, wird sein Interesse zwangsläufig auf notwendige Renovierungen richten. Sie steuern dem Wertverfall der Immobilie entgegen und bessern ihren Marktwert wieder auf.

Ökologische Ansätze

Über die Gebäudeerhaltung hinaus liefert die Verantwortung für die nach uns kommenden Generationen gewichtige ökologische Argumente. Mit dem Kyoto-Protokoll von 1990 verpflichtete sich eine Vielzahl der Industriestaaten, den Kohlendioxid-Ausstoß bis 2005 drastisch zu vermindern. Die deutsche Eigenverpflichtung zur Reduzierung um 25 Prozent ist gegenüber den beiden Nachbarländern Österreich und der Schweiz sehr hoch.

Dies liegt hauptsächlich daran, dass man sich eine gewaltige Energieeinsparungsquote in den neuen Bundesländern erhofft. Vor diesem Hintergrund sollte man die neue Energie-Einsparungsverordnung, kurz EnEV, die mit Wirkung vom 1. Februar 2002 in Kraft trat, betrachten. Wenn man bedenkt, dass in Deutschland jetzt jeder Wohnungsneubau nach den Kriterien eines Niedrigenergiehauses erstellt werden muss und einen Jahresheizwärmebedarf unter 70 kW pro Quadratmeter Wohnfläche haben soll, so ist der Schritt zu massiven Einsparungen auch für Altbauten unvermeidlich.

Im Gegensatz zur gültigen EnEV war der Jahreswärmebedarf nach Wärmeschutzverordnung von 1995 ca. 3fach höher. Solange ein privat genutztes Wohnhaus nicht veräußert, modernisiert oder baulich verändert wird, könnte alles beim Alten bleiben. Doch es kommt erschwerend hinzu, dass in Deutschlands Privathaushalten fast ein Drittel des Energiehaushalts für Heizung und Warmwasser notwendig ist und davon wiederum etwa 80 Prozent in Gebäuden, die vor 1980 errichtet wurden. Jeder Eigentümer eines Altbaus sollte deshalb – auch wenn er vom Gesetzgeber dazu im Moment nicht verpflichtet wird – die Chance ergreifen, sein Haus nach den neuen Anforderungen nachzurüsten.

Informationshilfen und Förderung

Mit der Zusammenführung von Wärmeschutz-Verordnung und Heizanlagen-Verordnung zur bereits erwähnten Energie-Einsparungsverordnung ist auch der Zwang verbunden, alte Heizkessel umzurüsten. Diese Vorschrift mag dem Normalverbraucher noch einleuchten, da er ohnehin bei höheren Schornstein-Emissionen zukünftig mehr zur Kasse gebeten wird. Dennoch – die grundsätzliche Akzeptanz der Eigentümer, neue effizientere Anlagen oder umwelt-freundlichere Energieträger einzusetzen und im Sinne der gesamt-gesellschaftlichen Verpflichtung finanziell mit zu tragen, bedingt von Seiten des Staates die Bereitstellung von Krediten oder Fördergeldern als Anschubfinanzierung.

In Deutschland gibt es mehrere Förderprogramme mit Niedrigzinskrediten von der Kreditanstalt für Wiederaufbau (KfW), die Hauseigentümer über ihre Hausbanken vor Beginn des Umbaus auf Förderungsmöglichkeiten prüfen sollten. Grundsätzlich wird ein Kreditprogramm zu Solarstrom oder Fotovoltaik angeboten. Darüber hinaus gibt es ein variables CO_2-Gebäudesanierungsprogramm speziell für Altbauten, das sich in drei Maßnahmepaketen auch individuell nach dem durchzuführenden Sanierungsstatus anpassen lässt. Das dritte Maßnahmenpaket bedingt jedoch, dass ein so genannter Energiebedarfsausweis durch einen fachkundigen Gutachter vorliegt. Näheres dazu findet sich im nachfolgenden Absatz.

Die Kosten für diesen Ausweis werden staatlich gefördert, sodass für den Eigentümer nur geringe Selbstkosten anfallen. Fördermittel werden ebenfalls für Energiesparhäuser oder Passivhäuser bereitgestellt. Im Zuge der Energieeinsparungs-Verordnung bieten einige Banken Energiechecks an, die über die Forderungen des Energiebedarfsausweises hinaus auf einen Gebäudepass abzielen. Dieser beinhaltet sämtliche Parameter eines Gebäudes vom Keller bis zum Dach und könnte auch als Orientierungshilfe im Immobilienhandel dienen. Im Anhang des Buches finden sich hierzu die wichtigsten Kontaktadressen, die Informationen rund um das Thema Modernisierung anbieten, sowie Hinweise zu Energieberatungen und anderen Instituten. Es lohnt sich, bei den zuständigen Kreisverwaltungen oder Landratsämtern Auskünfte über Sonderförderungen einzuholen.

Eim Ausbau wird im Inneren der Verlauf des alten Gartenwegs erlebbar nachvollzogen.
Architekt: Hans Kneidl
Foto: Archiv Architekt

Große Energieversorger bieten zum Teil kostenlose Beratung oder sogar weit reichende Hilfestellung an.

Gebäudeanalyse als Kernelement der Planung

Wenn das eigene Auto bei einem Unfall beschädigt wurde, ziehen die meisten Eigentümer einen Sachverständigen hinzu, um den Umfang einer Reparatur genauer zu umreißen. Wieso sollte man sich beim Renovieren eines Hauses anders verhalten? Heutiges Bauen, insbesondere Umbauen, ist ein kompliziertes und kostenintensives Unterfangen. Gerade aus diesem Grund ist es verwunderlich, dass viele Bauherren ihre handwerklichen und bautechnischen Kenntnisse überschätzen.

Beim Bauen im Bestand ist ein unabhängiger Ansprechpartner als Beistand des Bauherrn gefragt: der Architekt. Architekten dürfen keine Werbung machen, denn sie werben durch die Qualität Ihrer Arbeit. Wichtigste Voraussetzung ist jedoch: Es sollte ein Vertrauensverhältnis entstehen, das beide Parteien über die oft turbulenten Bauperioden hinweg aufrechterhalten. Als erster Schritt einer gelungenen Modernisierung empfiehlt sich, alle Möglichkeiten, die in der Ausnutzung und Konstruktion des Bestands liegen, zu kennen. Maßgenaue Pläne und Probeöffnungen an den kritischen Stellen sind unerlässlich. Bei umfassenden Sanierungen sind Ingenieure und Gutachter notwendig. In so genannten Raumbüchern werden alle wesentlichen Details und Befunde eines Bauwerks festgehalten.

Für diese Leistung, die über das übliche Maß bei einem Neubau hinausgeht, haben Architekt und beteiligte Ingenieure Anspruch auf eine gesonderte Honorierung. Wer glaubt, darauf aus Kostengründen verzichten zu können, wird oftmals eines Besseren belehrt. Alle Ad-hoc-Entscheidungen, die während der Bauphase gefällt werden müssen, um den Bauablauf aufrechtzuerhalten, kommen den Bauherrn teuer zu stehen. Untersuchungen der „Gruppe Haus- und Stadterneuerung" in Aachen, die auf jahrelangen Erfahrungen beruhen, weisen nach, dass es fatal ist, diesen ersten Schritt abzukürzen. 80 Prozent aller Folgekosten aus Terminüberschreitungen sowie die horrenden Preise für Sonderlösungen sind auf unzureichende Bestandsaufnahmen zurückzuführen.

Verschärft hat sich die Situation zusätzlich bei Wohngebäuden, die nach der EnEV grundlegend umgebaut werden und somit bauantragspflichtig sind. Hier verlangt die Baubehörde ebenso wie die staatliche Förderungsstelle siehe dazu die Ausführungen unter dem Punkt „Informationshilfen und Förderung" einen Energiebedarfsausweis, der von einem dazu befähigten Ingenieurbüro aufgestellt werden muss. Den Verlusten aus der Wandlung von Energieträgern in Heizenergie und den so genannten Transmissions-Wärmeverlusten durch Außenwände und Dach stehen auch Gewinne aus solarer Einstrahlung durch die Fenster oder Abwärme aus elektrischen Leuchten gegenüber.

Durch den Energiebedarfsausweis soll für den Bauherrn und den Planer mehr Transparenz geschaffen werden. In abgestimmten Bilanzverfahren lassen sich unter Beteiligung von eventuell notwendigen Tragwerksplanern, Haustechnikern oder Sonderingenieuren Planungsstrategien und Zielvorstellungen untersuchen. Bis zu diesem Zeitpunkt lassen sich Änderungswünsche und Kostenbudget zusammen mit dem Bauherrn leicht und oft noch kostenneutral korrigieren. Nach Erarbeitung der Entwurfspläne, sofern nicht noch eine Genehmigung bei der Baubehörde eingeholt werden muss, werden die Ausführungspläne und die ungefähren Kosten der einzelnen Schritte der Sanierung ermittelt. Es leuchtet ein, dass mit der Exaktheit der Planung die Genauigkeit der Kostenschätzung zunimmt.

Vergabe und Bauablauf

Für die meisten Bauherren wird es spannend, wenn die ersten Handwerker auf der Baustelle auftauchen, weil fraglich bleibt, wie man unter den zahlreichen Anbietern bei der Vergabe der Bauleistungen an kompetente Firmen gerät. Die vielen Unwägbarkeiten bei der Modernisierung eines Einfamilienhauses machen es notwendig, die Bauarbeiten getrennt nach den Handwerksberufen, den so genannten Gewerken, zu vergeben. Dies geschieht in der Regel nach mit vom Architekten und Bauherrn ausgehandelten Werkverträgen, die auf Einheitspreisen basieren. Manchmal lassen sich diese Verträge pauschal festlegen. Allerdings können dann spätere Änderungen zu aufreibenden Preisverhandlungen führen. Durch die pauschale Vergabe an nur einen Generalunternehmer mag das Kostenrisiko für den Bauherrn zwar kleiner erscheinen, aber meist leidet die Qualität darunter. Diese nehmen in der Regel nicht die besten, sondern die billigsten Firmen unter Vertrag, um die eigene Gewinnmarge möglichst hoch zu halten. Der Vorteil der Beauftragung eines Generalunternehmers besteht darin, dass nur ein Vertragspartner existiert und eine straffe Koordination und Terminierung auch in seinem Interesse liegt. Da die Baupreise heute etwa doppelt so hoch wie vor 25 Jahren sind, sollte der Bauherr abwägen, ob es nicht besser ist, den Architekten mit der Abwicklung der Baustelle und Überwachung der Abrechnung zu beauftragen. So kann auf Kostenverschiebungen, bei Altbausanierungen aus der schlechten Bausubstanz fast zwangsläufig gegeben, während des Bauablaufs hingewiesen werden. In Abstimmung mit dem Architekten und dem beteiligten Generalunternehmer, können dann Alternativen und deren Kosten verglichen werden.

Ein großes Problem beim Bauen im Bestand ist die Beschädigung intakter Bauteile durch leichtsinnigen Umgang. Je geringer der Eingriff, desto mehr Schutzmaßnahmen sollten einkalkuliert werden. Daher sollte auf sorgfältiges Arbeiten und eine saubere Baustellenführung geachtet werden, damit sich Schäden weitgehend vermeiden lassen. Nach Fertigstellung der Arbeiten empfiehlt es sich, das angestrebte Ergebnis mit dem tatsächlichen Resultat zu vergleichen. Unter Beachtung dieses Vorgehens zeichnen sich gute Ergebnisse durch geringe Kosten- und Terminüberschreitungen aus, lassen sich aber dennoch nicht mit der überschaubaren Situation bei einem Neubau vergleichen.

Eigenheiten der Bausubstanz

Bis auf wenige Ausnahmen weisen die meisten Gebäude aus den Baujahren 1900 bis 1960 ähnliche Problembereiche auf, die auf Grund der Lebensdauer verschiedener Baustoffe und Konstruktionen mehr oder weniger zeitgleich zur Modernisierung anstehen. Die folgende Darstellung soll einen kurzen, aber bei weitem nicht umfassenden Überblick über die kritischen Problempunkte geben. Dem interessierten Leser sei zur weiteren Information die einschlägige Fachliteratur empfohlen.

Keller und Fundamente

Viele Gebäude, insbesondere vor 1930 errichtete, weisen fehlende oder mangelhafte Abdichtungen der Kellerwände auf. Bei einfachen Gebäuden sind Keller ohne Sohle gebaut, sodass der nackte Lehmboden zu Tage tritt. Der Einbau einer neuen Kellersohle erfordert daher umfangreiche Schachtungsarbeiten, wobei die Gründungstiefe der umliegenden Fundamente auf keinen Fall ohne fachgerechte Abfangungen unterschritten werden sollte. Zusätzlich ist auf eine Drainageschicht unterhalb der Betonsohle zu achten.

Bei Umnutzungen der ehemaligen Kellerräume zu Wohnraumzwecken sind umfangreiche und oftmals teure Feuchtigkeitssperren der Kellerwände oder Fundamente unumgänglich. Relativ günstig für den Bauherrn ist das horizontale Aufsägen von Ziegelfugen und das anschließende Einfugen der Sperrung oder die Bohrloch-Injektion mit Silikaten. Teurer, aber technisch oft nicht anders zu lösen, ist dagegen das Einrammen von Edelstahlblechen oder der abschnittsweise Abbruch und Wiedereinbau von Mauerwerk. Eine kostengünstige Alternative, die allerdings nicht überall einwandfrei funktioniert, ist das sogenannte elektro-osmotische Verfahren. Hier werden durch das Anlegen von Elektroden die im Mauerwerk enthaltenen Salze ausgefällt.

Neben dem Problem der mangelhaften Feuchtigkeitsisolierung besteht bei Altbauten ein genereller Mangel in der fehlenden Wärmedämmung zu den beheizten Räumen, wie sie die Energie-Einsparungsverordnung fordert. Wenn die Bodenaufbauten in den Erdgeschossen nicht angetastet werden sollen, lässt sich eine Dämmung der Gebäudesockel nachträglich nur von außen bewerkstelligen. Es empfiehlt sich, vor allem Anschlussdetails an die Außenwände von einem Fachmann bauphysikalisch prüfen zu lassen, da aus falscher Detaillierung oftmals neue Tauwasser-Probleme entstehen. Bei Aufstockungen können aus den zusätzlichen Lasten durch Aufbauten technisch aufwändige Verbreiterungen der alten Fundamente resultieren. Mit einem Tragwerksplaner lassen sich jedoch häufig alternative Varianten aus leichten Fertigteilen finden, die diese zeit- und kostenaufwendigen Gründungsarbeiten vermeiden helfen.

Gestaltungsdetail von Aufstockung einer Siedlung in Passau-Grubweg in Massivbauweise mit hinterlüfteter und gedämmter Holz-Stülpschalung.
Architekten: Wenzl+Huber

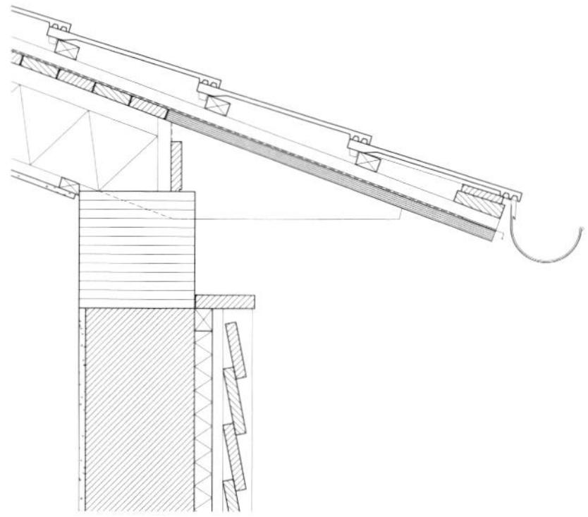

Außenwände

Im Wohnungsbau verringerte sich die Stärke der Außenwände allgemein ab 1900. Das lag zum einen daran, dass die ursprüngliche Konstruktionsstärke mit den neuen Erkenntnissen aus der Standardisierung rechnerisch ausgedünnt werden konnte und zum anderen an der zunehmenden Standfestigkeit des Mauerwerksverbands durch den vermehrten Einsatz von Zementmörtel. Während einige Gebäude, die in der Gründerzeit bis 1920 errichtet wurden, noch Mauerwerksstärken über 0,5 Meter aufweisen, verringert sich die Wanddicke ähnlich konstruierter Häuser in der Weimarer Republik und den folgenden 30er-Jahren zusehends.

Mit dem Wiederaufbau nach dem Zweiten Weltkrieg kamen in den Städten alle verwertbaren Ziegel, die aus Trümmerruinen stammten, zum erneuten Einsatz. Die Jahre zwischen 1950 und 1960 sind deswegen auch von bauphysikalisch schlechter Substanz geprägt, die sich zum Teil in Außenwandstärken unter 20 Zentimeter ablesen lassen. Insbesondere Mischmauerwerk aus Hölzern, Steinen und Ziegeln, wie es in fast allen Bauperioden vor 1960 verwendet wurde, ist energetisch betrachtet sehr bedenklich, da die unterschiedlichen Materialien zu internen Spannungen führen, die Risse geradezu provozieren. Ebenso gelten Nischen für Heizkörper oder primitive Kühlschränke in der Außenwand als prädestinierte Schwachstellen, durch die Raumwärme abgekühlt wird.

Gerade bei den Außenwänden sollten demnach alle Modernisierungsüberlegungen beginnen, da hier die größten Einsparpotenziale liegen. Allein die zusätzliche Dämmung der Wände eines Altbaus macht im Schnitt fast 25 Prozent der gesamt möglichen Energieeinsparung aus. Aus bauphysikalischen Gründen sind generell außen aufgebrachte Dämmungen – abgestimmt auf die jeweiligen Wandkonstruktionen – zu empfehlen. Innendämmungen, wie sie bei sichtbar bleibendem Fachwerk oder profilierten Natursteinfassaden aus Denkmalschutzgründen notwendig werden, haben den Nachteil, dass die Kälte weiterhin ungehindert durch die Bausubstanz bis zur Dämmungsebene durchdringen kann. Erst dann erfolgt eine Temperaturabsenkung. Für diese Anwendungen sollten nur fachtechnisch einwandfreie und rechnerisch nachweisbare Produkte, wie zum Beispiel porosierte Gasbetondämmplatten oder mehrschichtige Trockenbausysteme, gewählt werden. Die träge Energiespeichermasse der dickeren Außenwände, wie wir sie in Häusern vor 1920 antreffen, hat dagegen den entschiedenen Vorteil, dass sich extreme Temperaturunterschiede nur sehr langsam bemerkbar machen. Zeichnen sich manche einfachen Gebäude noch durch reich geschmückte Fassaden aus, so entfällt dieses Beiwerk zunehmend in Gebäuden aus späteren Jahrzehnten.

In der Regel stehen solche Zierfassaden unter Denkmalschutz. Verständlicherweise gelten dafür andere Regeln, auf die hier nicht näher eingegangen werden soll. Außenputze unterliegen als kurzlebige „Verschleißschicht“ oft einer langjährigen Bewitterung und zeichnen sich meist durch geringe Anteile von Bindemitteln wie Kalk oder Zement aus. Bei der Sanierung sollten abgestimmt auf den Einsatzort und das Schadensbild des Altputzes Produkte gewählt werden, deren hygroskopische und rissvermeidende Fähigkeiten nachgewiesen sind. Kostenintensiv wird es bei den heutigen Arbeitslöhnen nur dann, wenn Stuckfassaden gesichert oder saniert werden müssen. Großes Augenmerk sollte auf die ausreichende Abdeckung von Mauerwerksvorsprüngen oder Simsen gelegt werden, da diese mehr als die senkrechten Flächen von der Witterung beansprucht werden.

Innenwände

Ein großes Problem bei Altbauten stellen die ungenügenden Schallschutzverhältnisse dar. Insbesondere wirken dünne Innenwände zwischen den einzelnen Räumen wie Lautsprechermembranen. Bei Reihenhäusern wurden zum Teil die Brandwände zwischen zwei Einheiten nur nach den statisch notwendigen Wandstärken bemessen. Einbindende Deckenbalken übertragen den Körperschall auch in darüber oder darunter liegende Geschosse. Vor einer Modernisierung ist daher abzuwägen, welche Schallschutzkriterien angelegt werden sollen, da sich bessere Schallschutzwerte auf Grund von mangelhaften Baudetails ohnedies nicht erreichen lassen.

Bei neuen Innenwänden ist darauf zu achten, dass diese den Schallschutz nicht zusätzlich beeinträchtigen. Aus statischen Gründen lassen sich massiv gemauerte Wände oft nicht auf den Decken aufstellen, sodass

Bei Innendämmungen an sichtbar bleibenden Außenwänden ist äußerste Sorgfalt bei der dichten Verlegung der diffusionshemmenden Folie angesagt. Die Kabeldurchlässe in den Innenraum sind wind- und tauwasserdicht abzukleben. Foto: Archiv Autor

leichtere Trockenbauwände die bauphysikalisch schwierige Aufgabe übernehmen müssen, trotz geringen Gewichts die Übertragung von Schallwellen zu mindern. Eine Unterkonstruktion aus getrennten Blechprofilen in Kombination mit Dämmschutzisolierung im Hohlraum macht es trotzdem möglich. Bei Wohngebäuden, die vor 1950 errichtet wurden, sind tragende Wände zum Teil mit Wanddicken unter 15 Zentimeter sehr schlank ausgeführt. Bevor man beginnt, statisch relevante Grundrissveränderungen vorzunehmen, ist daher immer ein Tragwerksplaner zu Rate zu ziehen.

Herkömmliche Innenwandputze im Altbaubereich wurden in zwei Lagen aufgetragen. Auf einem mager mit Kalk oder Gips gebundenden Vorputz liegt eine feinkörnige, dünne Schicht auf, die sauber geglättet wurde. Die Vibrationen bei Abbrucharbeiten führen oft dazu, dass sich die Putze vom Untergrund lösen und hohl liegen. Zusätzliche Verletzungen durch Kabelschlitze sind ebenfalls problematisch, sodass ungewollt größere Putzflächen ersetzt werden müssen.

Fenster und Außentüren

Neben dem Beton hat ein weiterer Baustoff im letzten Jahrhundert Furore gemacht: Glas. Neue Herstellungsverfahren ermöglichten den rasanten Preisverfall, der wiederum zum expandierenden Einsatz im Bauwesen beitrug. Die Fenster- und Scheibenformate wurden größer. So fällt auf, welch kleine Fensteröffnungen ein Arbeiterhaus von 1920 hatte und mit welchen „Schaufenstern" heutige Wohnhäuser ausgestattet sind.

Es liegt auf der Hand, dass sich aus diesem Grunde bei einer Modernisierung für die Wohngebäude vor 1960 – denn danach wurden große ungeteilte Fensterformate zum architektonischen Credo – Probleme aufwerfen, die sich nur mit Fingerspitzengefühl lösen lassen. Einerseits sollen die Räume so viel Licht wie möglich erhalten, andererseits zerstören zu große Fenster die kleinteiligen Proportionen der Häuser.

Doch nicht nur quantitativ, sondern auch qualitativ ergaben sich große Fortschritte im Fensterbau. Waren Anfang des 20. Jahrhunderts noch einfach verglaste Sprossenfenster in den Häusern die Norm, so wurden diese nach und nach durch so genannte Kastenfenster mit zwei hintereinander liegenden, einfach verglasten Fensterflügeln ersetzt. Die damit bewirkte Energieeinsparung war enorm, selbst wenn die Fugen der einfachen Fensterfälze noch relativ undicht waren. Die ästhetische Wirkung der dünnen Fenstersprossen ist aber nur mit den einfachen Glasscheiben zu erreichen.

Der nächste große Fortschritt in der Fenstertechnik erfolgte durch die so genannten Verbundglasfenster in den 50er Jahren. Dabei wurden die in Kastenfenstern mindestens 10 Zentimeter voneinander getrennten Fensterflügel direkt aneinander gebaut und mit Haken verbunden. So konnten sie mit einem Griff zugleich geöffnet werden. Die Flügel ließen sich untereinander trennen, damit die inneren Scheibenseiten geputzt werden können. Der Wärmeverlust der energetischen Schwachstelle der Außenhaut wird mit dem UW-Wert (früher K-Wert) ausgedrückt. Im Vergleich zu herkömmlichen Fenstern mit einem UW-Wert von 2,5 W/ m^2K liegen heutige Fenster bei der Hälfte mit 1,3 W/m^2K. Sie sind in der Regel mit Isolierglasscheiben, das heißt untereinander mit Luftzwischenraum verklebten doppelten Glasscheiben ausgestattet. Noch höherwertige Scheiben mit drei verbundenen Glasscheiben und Edelglasfüllungen des Scheibenzwischenraums werden aus Kostengründen nur bei Energiesparhäusern unter dem Standard der neuen Energieansparungsverordnung eingesetzt.

Außentüren sollten ebenfalls auf ihre Tauglichkeit untersucht werden. Dort gilt es neben dem Wärmeschutz auch auf den Einbruchschutz zu achten. Die vereinzelt noch vorhandenen alten Klappläden an den Fenstern waren nicht immer Dekoration, sondern verhalfen den Eigentümern dazu, bei Wind und Wetter trotz klaffender Fensterfugen Energie zu sparen. Wenn allerdings außen ein Wärmedämm-Verbundsystem aufgebracht wird, lassen sich die Anschlussdetails nicht mehr aufrecht erhalten und können nur mittels neuer Beschläge hergestellt werden. Haustüren lassen sich oft nicht oder nur mit Mühe so umrüsten, dass sie heutigen Bedürfnissen genügen können. Da die Angebote aus den Baumärkten in der Regel nicht zu den Gestaltungsmerkmalen von Altbauten passen, sollten Bauherren die Mehrkosten für eine maßgefertigte Tür vom Schreiner aufbringen.

Decken und Treppen

Wenn man an einen typischen Altbau denkt, hat man ausgetretene Parkett- oder Dielenböden mit schwingenden Holzbalkendecken im Hinterkopf. Was für die einen die anheimelnde Atmosphäre ihrer Kindheit wieder hervorruft, ist für andere der Inbegriff von nostalgischer Rückständigkeit.

Erst unsere heutigen Betondecken erlauben eine freiere Raumaufteilung. Bei den Kellerdecken kamen vorwiegend erst ab den 20er-Jahren Plattendecken aus Stampfbeton mit integrierten Eisenträgern zur Anwendung. Sie ersetzten die vorher dort eingesetzten Gewölbe. In den Geschossdecken oberhalb des Kellers wurde bis weit in die 50er-Jahre der Werkstoff Holz eingesetzt. Da Beton teuer war und die oberen Geschosse ohnehin meist Bestandteil der Dachkonstruktion waren, boten sich Holzbalken als Tragskelett an. Um den Trittschall zu dämmen, wurde auf zwischen den Balken eingespannte Dielenlagen, so genannten Fehlböden, Sand geschüttet und mit dem höheren Gewicht das Schwingverhalten der Decken reduziert. Während Durchbrüche in Plattendecken aus Beton relativ beliebig platzierbar sind, müssen bei Holzbalkendecken an Wänden mit wandbegleitenden, so genannten „Streichbalken", Schlitze im Mauerwerk einkalkuliert werden, wenn die Balkenquerschnitte nicht geschwächt werden dürfen.

Bei älteren Gebäuden, die einer grundlegenden Sanierung unterworfen werden, muss die statische Tragfähigkeit der Konstruktionshölzer untersucht werden. Dort ist durch Befall von Insekten wie dem Hausbock, harmloseren Nagekäfern oder mit Pilzen oder mit Hausschwamm zu rechnen. Eventuell sind auch die in die Wand einbindenden Balkenköpfe verfault. Hier empfiehlt es sich, den Zustand mittels Bohrsondierungen abzuklären. Wenn der Abbruch der Decke nicht in Frage kommt, können die schadhaften Kopfstücke nur mittels Laschen, Stahlschuhen oder Kunstharz-Prothesen repariert werden. Sofern die Tragfähigkeit ausreicht, lässt sich durch eingebrachte Estriche oder schwimmende Trockenbauböden von oben eine Minderung der Geräuschbelästigungen erreichen. Alternativ ist auch eine an der Unterseite mit Federbügeln abgehängte Gipskartondecke möglich. Sollten Dachböden nicht ausgebaut werden, muss nach der neuen Energieeinsparungsverordnung die oberste Decke gegen kalte Außenluft gedämmt werden. Dies lässt sich am geschicktesten durch eine Dämmlage und eine zweite, begehbare Plattenebene nachrüsten, sofern man nicht den Fehlboden-Hohlraum mit lockerem Dämm-Material ausblasen will. Schwierig wird es bei Änderungen von Treppen. Wie bereits ausgeführt, sind bei Holzbalkendecken größere Öffnungen nicht ohne konstruktive Eingriffe zu verschieben, so auch bei den Treppen. Nach heutigen Standards ist die Vielzahl der Treppen in Wohnhäusern der Baujahre von 1900 bis 1960 zu steil. Steigungsverhältnisse bis zu 45 Grad kommen nicht nur bei Nebentreppen im Keller oder im Dachboden vor. Wenn das Steigungsverhältnis gerade noch zulässig ist, gilt es abzuwägen ob es sich lohnt, den teuren Austausch einer Treppe in Angriff zu nehmen. Die Stufen älterer Holzwangentreppen sind meist ausgetreten und müssen erneuert werden. Im günstigsten Fall reicht es, die Stufen zu spachteln und mit einem Belag z. B. Linoleum zu versehen. Wenn die Böden am Treppenfuß und am Treppenausgang ohnehin erneuert werden, bietet sich an, die Stufen mit neuen Trittstufen aufzudoppeln.

Dächer und Kamine

Die bis 1960 errichteten Einfamilienhäuser zeichnen sich bis auf wenige Prototypen der Moderne durch Steildächer aus. Das Flachdach blieb bis zu diesem Zeitpunkt die Ausnahme. Regional unterschiedlich geneigt, schützten Ziegel- oder Schieferdächer die Bausubstanz. Was durch die Plattendeckung geometrisch an den Kehlen und Gauben nicht möglich war, übernahmen Stahlbleche, die gegen Rostbefall mit Bleimennige gestrichen wurden. Die Lebensdauer solcher Bleche wird heute durch die verzinkte Ausführung erheblich verlängert. Selten wurde der unter der Deckung liegende Dachraum bis zum First ausgebaut; die Nutzung als Speicher war die Regel. Selbst bewohnte Dachräume wurden kaum gedämmt.

Da das Dach mit rund 16 Prozent Anteil zum Energieverlust eines Gebäudes beiträgt, ist als logische Konsequenz klar erkennbar, dass jeder Cent, der für die Dämmung aufgewandt wird, hier gut aufgehoben ist. Wenn das schadhafte Dach neu gedeckt werden muss, wäre eine aufwändige Aufsparren-Dämmung mit einer zusätzlichen Dachschalung möglich. Deren Vorteil liegt darin, dass die Dachsparren innen sichtbar bleiben können und kein

Raumverlust durch die Konstruktion entsteht. Ist die Dachdeckung allerdings noch in Ordnung, kann die Dämmung nachträglich nur von innen aufgebracht werden. Dabei ist zu beachten, dass der Raum unterhalb der Dachlattung zur Durchlüftung freigehalten werden muss und eine sorgfältig abgedichtete Dampfsperre den Feuchtigkeitsniederschlag verhindert. Häufig sind die Sparren für heute übliche Dämmstoffstärken mit mehr als 15 Zentimeter zu dünn.

Der Einbau von der Innenseite ist daher nach zwei Verfahren möglich. Bei der Zwischensparren-Dämmung muss eine zusätzliche Konterlattung auf den Sparren die erforderliche Höhe herstellen. Darauf erfolgt dann die eigentliche Lattung, die die Innenverkleidung trägt. Alternativ sorgen bei einer Dämmung unter den Sparren horizontal verlaufende Konterlatten für eine neue Konstruktionsebene. Hierbei lässt sich ein Arbeitsgang einsparen, doch es geht durch die größere Konstruktionstiefe auch mehr Wohnraum verloren. Im Zuge der Dachsanierung sollten zudem alle Kamine, sofern sie weiter in Betrieb bleiben, auf ihre Tauglichkeit hin untersucht werden.

Haustechnik

Eine Modernisierung sollte immer mit einer haustechnischen Sanierung einhergehen. Wenn auch die Lebensdauer der einzelnen Geräte und Objekte höher als zehn Jahre sein mag, so ist deren technischer Standard innerhalb eines Jahrzehnts veraltet. Es sollte also nicht verwundern, wenn die Energieeinsparverordnung vorschreibt, dass „Heizkessel, die mit flüssigen oder gasförmigen Brennstoffen beschickt werden und vor dem 1. Oktober 1978 eingebaut oder aufgestellt worden sind, bis zum 31. Dezember 2005 außer Betrieb“ genommen werden müssen.

Die Wirkungsgrade konventioneller Kessel liegen bei 80 bis 90 Prozent gegenüber heute üblichen Brennwertgeräten, die mit Rückgewinn der Kondensat-Abwärme über 100 Prozent erreichen. Wenn die Heizung umgebaut wird, muss die Qualität des Schornsteins überprüft werden. Vom zuständigen Bezirkskaminkehrer erfährt man vor Baubeginn, ob die Querschnitte für die gewünschte Kesselart ausreichend sind. Bei den niedrigen Abgastemperaturen heutiger Heizungen ist wegen der Gefahr von Versottungen eine Kaminsanierung mit innen liegenden Edelstahlrohren angeraten. In den meisten Einfamilienhäusern empfehlen sich zentrale Heizanlagen. Die ausgereifte Technik moderner Holzbefeuerungen mit so genannten Pellets stellt mittlerweile durchaus eine Alternative zu der mit fossilen Brennstoffen dar. Doch was nutzen alle Finessen im Heizraum, wenn die Wärme, dort wo man sie braucht, nur mehr partiell ankommt? Ungedämmte Leitungen aus Stahlrohr gaben in der Vergangenheit bis zu einem Drittel der transportierten Heizwärme an Mauern und Decken ab, sodass die Heizung sehr träge reagierte. Ein Übriges taten schwere gusseiserne Heizkörper, wie sie vor 1950 Stand der Technik waren.

Da die gedämmten Leitungsquerschnitte von dünnen Innenwänden oft nicht mehr aufgenommen werden können, werden so genannte Heizleisten zur Aufputzmontage angeboten. Wer interessante Alternativen zu herkömmlichen Heizkörpern sucht, muss auf die bereits von den Römern entwickelten Wandheizungen, auf Konvektoren oder Fußbodenheizungen zurückgreifen. Mit der Heizung müssen auch die technischen Anlagen zur Erwärmung des Brauchwassers modernisiert werden. Waren früher dezentrale Boiler, die wegen der ungefilterten Wasserzufuhr leicht verkalkten, in allen Haushalten Standard, so gehört heute ein zentraler Boiler zum Stand der Technik. Gerade hier können Wärmegewinne aus zusätzlichen Energiequellen eingespeist werden: sei es aus solarthermischen Anlagen auf dem Dach, aus Wärmepumpen, die die Wärme von Erde oder Grundwasser nutzen, oder aus dem Strom fotovoltaischer Zellen.

Neben der Heizung entspricht die Sanitärausstattung in den Altbauten vor 1960 nicht mehr unseren heutigen Vorstellungen: Waschbecken dienten zum Teil auch als Putz- und Spülbecken, Toilettenspülungen waren im ganzen Haus zu hören und Badewannen in den meisten Arbeiterhäusern vor 1930 noch Luxus. Wenn auch die Bäder bereits mindestens einmal saniert wurden, so wurden die alten Wasserleitungen unter den Fliesen aus Kostengründen nicht ausgetauscht. In Gegenden mit stark kalkhaltigem Wasser sind die Rohrquerschnitte verkalkt, sodass kaum mehr Druck in der Leitung ist. Der geringe Standard ist in Analogie zum Stellenwert der damals üblichen Körperhygiene oft gepaart mit engsten Raumverhältnissen. Es finden

Moderne Sanitäranlagen mit korrosionsfesten Kaltwasserleitungen aus Edelstahl und adaptierbare Klosett-Trageelemente verdeutlichen den Innovationssprung.
Foto: Archiv Autor

sich Klosetts in lichtlosen Kammern, die nur notdürftig zu lüften sind. In der Regel müssen heute Wände versetzt, Fensteröffnungen ergänzt und alle Sanitärobjekte ausgetauscht werden. Zusätzliches Augenmerk sollte auf eine fachlich einwandfreie Abdichtung unter den Bodenbelägen gelegt werden. Gerade in den Bädern finden sich oft Deckenkonstruktionen, die auf Grund früherer Wasserschäden teilweise verfault sind. Zum Abschluss noch einige Worte zu den Elektroinstallationen. Wenn nicht bereits einmal saniert wurde, finden sich in alten Gebäuden, die direkt nach 1900 gebaut wurden, in Metallhüllrohren verlegte Aufputzleitungen. Im Laufe der Zeit wurden diese durch ebenfalls zweiadrige Unterputzleitungen ersetzt. Erst nach dem Zweiten Weltkrieg kamen abgesicherte Leitungen mit zwei Adern und einem Schutzleiter zur Ausführung. Sofern nicht Forderungen des Denkmalschutzes entgegenstehen, die den Erhalt von Stuckdecken oder Fresken festlegen, müssen bei einer Generalmodernisierung die Elektroleitungen deshalb komplett ausgetauscht werden. Moderne Putzfräsen und Dosenbohrer garantieren eine fast erschütterungsfreie Neuverlegung.

Den Sanitärstandard mit Druckspülung und offener Leitungsführung findet man bis in die 60er-Jahre allerorten vor.
Foto: Archiv Autor

Um die eigene Achse gedreht

Aufstockung eines Wohnhauses in Bochum
Architekt: Dirk Godau, Dortmund

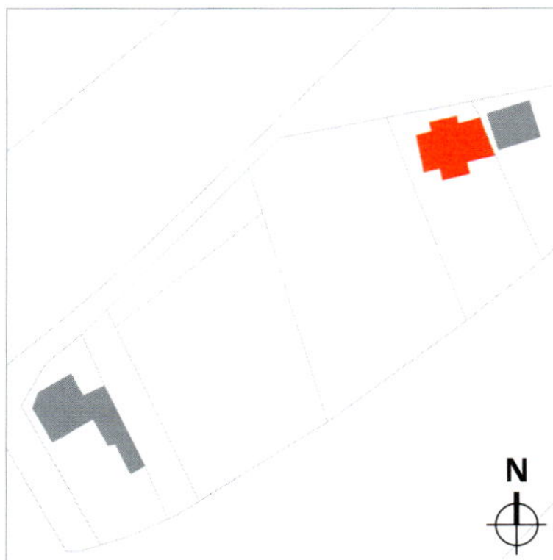

Lageplan

Projektübersicht:

Aufgabe:
Umbau und Sanierung eines Wohnhauses in Bochum
Bedingungen:
Baufälliges Obergeschoss, geteilte Wohnung für die Eltern, schnelle Bauzeit
Lösung:
Kompletter Neubau des Obergeschosses, Drehung um 90 Grad
Sonstiges:
Erdgeschoss fast unangetastet, neue Haustechnik, Vorfertigung der Aufstockung
Bauweise und Materialien
Aufstockung
Wände:
Wärmegedämmte Holzrahmenkonstruktion mit Eternitverkleidung
Dach:
Flachdach mit Bitumenabdichtung

Der Wunsch der Bauherrin, mit ihrem Mann und ihrer Schwester wieder ins Elternhaus zurückzuziehen, scheiterte zunächst fast an dem vom Einsturz gefährdeten Dachstuhl. Zwei flexible Wohnungen sollten geschossweise trennbar unter einem Dach angeordnet werden. Die ursprüngliche Idee, nach Abriss des Daches an dessen Stelle eine zusätzliche Aufstockung und darüber ein weiteres Dachgeschoss zu bauen, stieß auf den Widerstand der Behörden, da das Gebäude nicht in einem ausgewiesenen Baugebiet liegt. Dass dieses Haus neben einem zweiten und zeitgleich erbauten Gebäude inmitten von Bahngleisen als Solitär in einem „unschönen" Umfeld steht, blieb bei der Beurteilung dagegen ohne Belang.

Den Architekten, der mit der Bauaufgabe betraut wurde, schreckten solche Einschränkungen nicht ab, sondern forderten seinen Erfindungsgeist heraus. Da die maximale Wohnfläche beider Wohnungen nicht mehr als 200 Quadratmeter betragen durfte, weiterhin die Gebäudehöhe mit einem Dachgeschoss vorgegeben und darüber hinaus ein Satteldach festgelegt war, sollte mit den Baubeamten eine Ausnahmegenehmigung diskutiert werden. Wenn das Gebäude nicht erhöht werden könne, die maximale Wohnfläche aber heutigen Erfordernissen angepasst werden sollte, lag ein Baukörper mit Flachdach nahe. Dieser sollte nicht durch Dachschrägen räumlich eingeschränkt und voll nutzbar sein. Aus statischen Gründen durften die Holzbalkendecken des Erdgeschosses nicht zu viel Auflast durch die Aufstockung erhalten. Damit war eine Abtragung der Lasten auf die Außen-

Seit dem Bau des Hauses nagte der „Zahn der Zeit" stark am Dach des Hauses. Eine Sanierung des Bestandes allein wäre unrentabel gewesen und hätte die Raumbedürfnisse nicht erfüllt.

Die vorgefertigten Holzrahmen-Wände konnten in zwei Tagen aufgestellt werden. Das sparte Zeit und verhinderte Setzungsrisse an der ohnehin schwachen Bausubstanz.

Großen Wert legte der Architekt auf das unregelmäßige Fugenbild der naturgrauen Faserzementtafeln.

Der Zugang ins Obergeschoss wird von der Auskragung gegen Regen und Schnee geschützt.

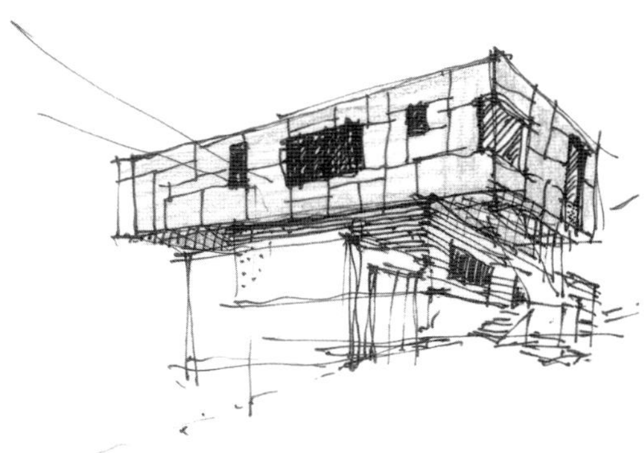

Entwurfsskizze des Architekten

Die Dachterrasse ergab sich wie selbstverständlich durch die Drehung des Grundrisses.

mauern und eine möglichst leichte Konstruktion unumgänglich. Da die obere Wohnung über eine separate Außentreppe erschlossen werden sollte und als Ersatz für die schlechte Anbindung an den Garten eine große Terrasse gewünscht wurde, ist das Obergeschoss um 90 Grad gegenüber dem Erdgeschoss verdreht worden. Damit sind zwei Probleme gelöst: Zum einen bewirkt die Drehung, dass die Außentreppe witterungsgeschützt unter dem Obergeschoss zu liegen kommt. Zum anderen ergibt sich die Fläche der verdrehten Erdgeschossdecke wie von selbst als Terrasse, die zudem auch noch richtig nach Südwesten orientiert ist. Wegen der geringen Aufstandspunkte mussten die Wandflächen zur Lastübertragung herangezogen werden und sollten deshalb als steife Leichtträger wirken. Da das Erdgeschoss während der gesamten Bauzeit bewohnbar bleiben musste, drängte sich eine maschinelle Vorfertigung der wichtigsten Bauteile und aus Gewichtsgründen Holz als Werkstoff förmlich auf. Binnen zwei Tagen konnten die Fassadenelemente und eingehängten Decken montiert werden und innerhalb einer Woche waren die Dachflächen des Gebäudes so weit abgedichtet, dass der Innenausbau unmittelbar folgen konnte.

Einen Schnappschuss auf das grüne Blattwerk bietet die aufgelöste Gebäudeecke im Treppenhaus.

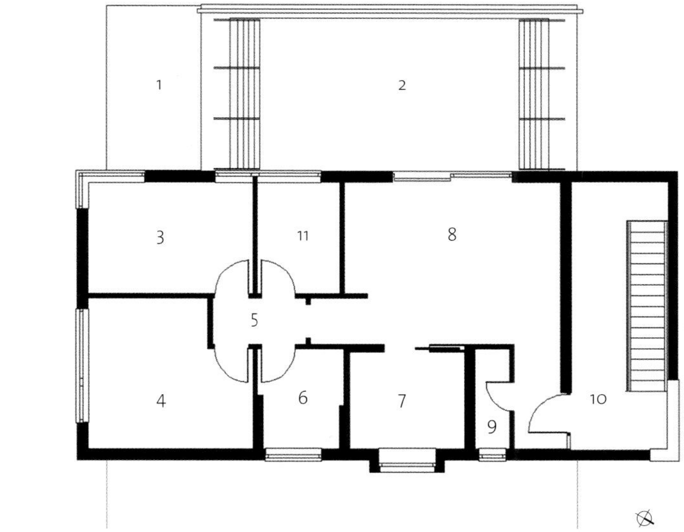

Obergeschoss
M 1:200

1 Flachdach Altbau
2 Terrasse
3 Kind
4 Schlafen
5 Flur
6 Bad
7 Küche
8 Wohnen/Essen
9 Toilette
10 Treppenhaus
11 Gast

Baudaten:

Baujahr Bestand:
um 1900
Bauweise:
Bruchstein-Mauerwerk mit Holzbalkendecken
Baujahr Umbau:
2000
Grundstücksgröße:
ca. 1.100 m^2
Wohnfläche vorher/nachher:
155 m^2/200 m^2
Anzahl Bewohner:
4
Baukosten gesamt:
142.200 Euro
Baukosten je m^2:
710 Euro

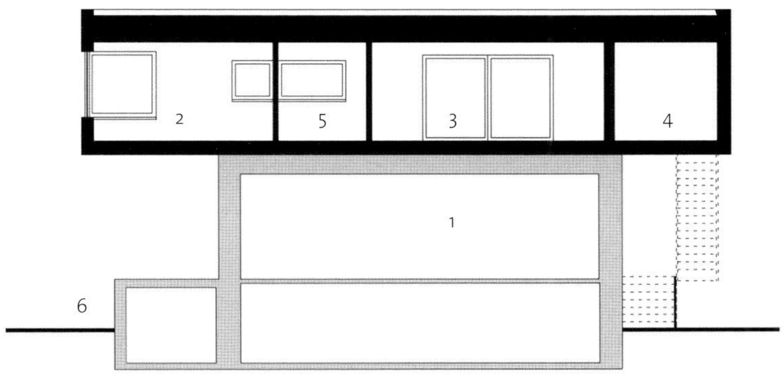

Schnitt
M 1:200

1 Altbau
2 Kind
3 Wohnen
4 Treppenhaus
5 Gast
6 Garten

Wie ein Adlerhorst kragt die Aufstockung in die Baumkronen des umliegenden Gartens aus.

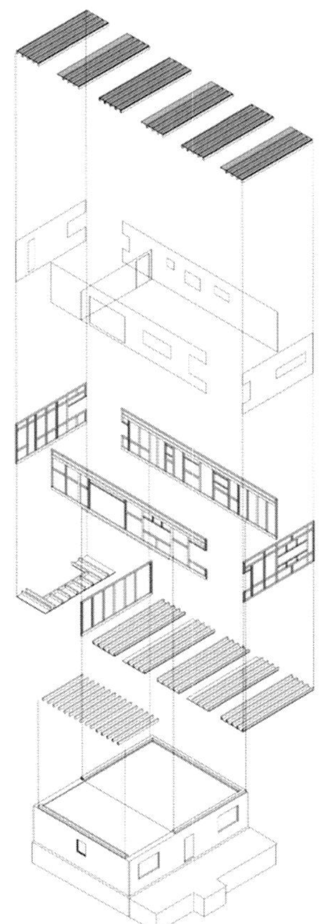

Die Explosionsisometrie zeigt die modulare Bauweise der Aufstockung.

Dachelemente

Beplankung

Unterkonstruktion
Fassaden,
Pfosten-Riegel-System

Bodenelemente

Terrassenbalken

Bestand

Stilvolles Doppel

Umbau und Anbau einer Villa in Dresden
Architekten: dom-ino, Felchner+Kolb, Dresden

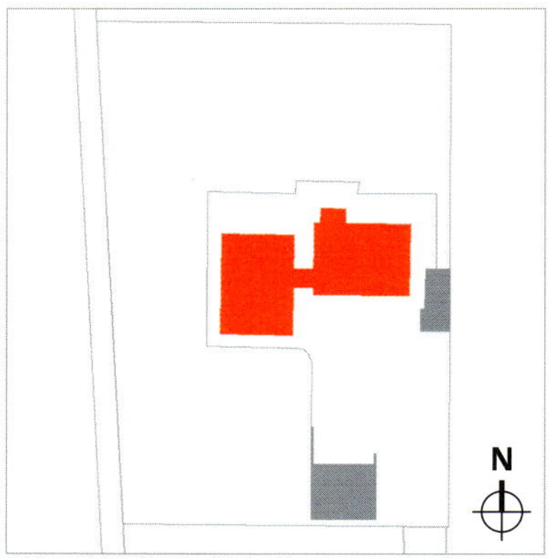

Lageplan

Während der Rohbauphase lässt sich am neuen Anbau die Mischkonstruktion aus Stahl und Mauerwerk gut ablesen. Der zum Teil lose Außenputz des Altbaus wurde großflächig abgespitzt.

Projektübersicht:

Aufgabe:
Umbau und Anbau einer Villa in Dresden
Bedingungen:
Sanierungsbedürftiger Altbau, ungedämmtes Dach, Putzschäden, undichte Fenster
Lösung:
Komplettsanierung des Altbaus, neuer Anbau mit Glaszwischentrakt
Sonstiges:
Denkmalgerechte Putzsanierung, neue Fenster, neue Haustechnik, neue Dachgauben
Bauweise und Materialien Anbau
Wände:
Kalksandstein mit Vollwärmeschutzfassade, Stahlrahmenwerk
Decke:
Sichtbare Holzbalken mit Betonfertigteildecke
Dach:
Betondecke mit begrüntem Flachdach

Vor den Toren Dresdens, an den Ausläufern des Elbsandsteingebirges, dem so genannten Blasewitzer Elbhang, entstanden Anfang des 20. Jahrhunderts zahlreiche Villen, die den Reiz der Landschaft ausnutzten. Die meisten dieser unterschiedlich großen Gebäude wurden über 80 Jahre nicht grundlegend renoviert, sondern nur notdürftig in Stand gehalten. Nach der politischen Wende 1989 mussten teilweise strittige Eigentumsfragen geklärt werden. Die arg vernachlässigten, aber bauhistorisch wertvollen Bauten konnten oftmals gerade noch rechtzeitig vor dem Zugriff unlauterer Geldanleger unter Denkmalschutz gestellt werden.

Die hier vorgestellte Villa wurde um 1900 von einem wohlhabenden Zittauer Anwalt im Stil eines so genannten „Schweizer Hauses" als Sommerresidenz inmitten eines parkähnlichen Grundstücks mit Blick auf Dresden errichtet. Zahlreiche Nebengebäude wurden in späteren Jahren daran angefügt. Der neue Eigentümer sah den Reiz der Anlage und wollte diese so umbauen, dass später ohne große Eingriffe zwei getrennte Häuser entstehen könnten. Die ohnehin fast durchweg baufälligen Zubauten sollten abgerissen werden und an deren Stelle ein neuer Baukörper, in der Tradition des Bauhauses verankert, errichtet werden.

Am ursprünglichen Entwurf der Kölner Architektin Hannelore Jung zwangen diverse Änderungen zu einer Überarbeitung des Eingabeplans, der vom Bauherrn an die ortsansässigen Dresdner Architekten in Auftrag gegeben wurde, die alle weiteren Planungen und die Baudurchführung betreuten. Das bestehende Gebäude wurde in Abstimmung mit der örtlichen Denkmalschutzbehörde grundlegend saniert und in klassischer Weise modernisiert. Alle Fenster wurden ausgetauscht und mit neuen wärmegedämmten Gläsern und denkmalgerechten Profilierungen versehen. Putzfassaden, Holzbalkendecken, Loggia und Dachdeckung mussten saniert und

Der Bauhaus-Kanon stand Pate bei der Gestaltung des Anbaus. In enger Koordination mit dem Denkmalschutz wurde dagegen der Altbau saniert. Maßhaltigkeit und Zurückhaltung kennzeichnen das Miteinander.

Ein zentraler Kaminplatz vor den Terrassenverglasungen dominiert das Wohnzimmer im Anbau.

Die Badewanne steht frei im Raum. Lediglich ein schmaler Fliesenstreifen rahmt das Objekt, welches wie eine Intarsie in die alten Holzdielen eingelassen wurde.

teilweise durch moderne Bauteile ersetzt werden. Der Dachstuhl wurde grundlegend überarbeitet, schadhafte Balken ausgetauscht und ein kompletter Dachausbau mit neuen, dem Baustil angepassten Gauben durchgeführt. Der neue Baukörper, der später als eigenständiges Wohnhaus fungieren sollte, wurde über einen verglasten Verbindungsbaukörper angebunden. Diese „Nabelschnur" sollte so entmaterialisiert wie möglich wirken. Selbst die Bodenflächen bestehen demnach aus geätztem Glas. Der Anbau selbst ist als stark reduzierter Flachdachkörper der „weißen Moderne" verpflichtet. Auf zwei Geschossen ließe sich dieser später als autarkes Haus vom Altbau getrennt nutzen. Eine Spindeltreppe führt zu einer Glaslaterne am begrünten Dach empor. Dort bietet sich ein weiter Ausblick auf die Elbhänge und das in der Ferne liegende Dresden.

Der Anbau wird über eine separate Stahlspindeltreppe erschlossen, welche bis zur Dachterrasse emporführt.

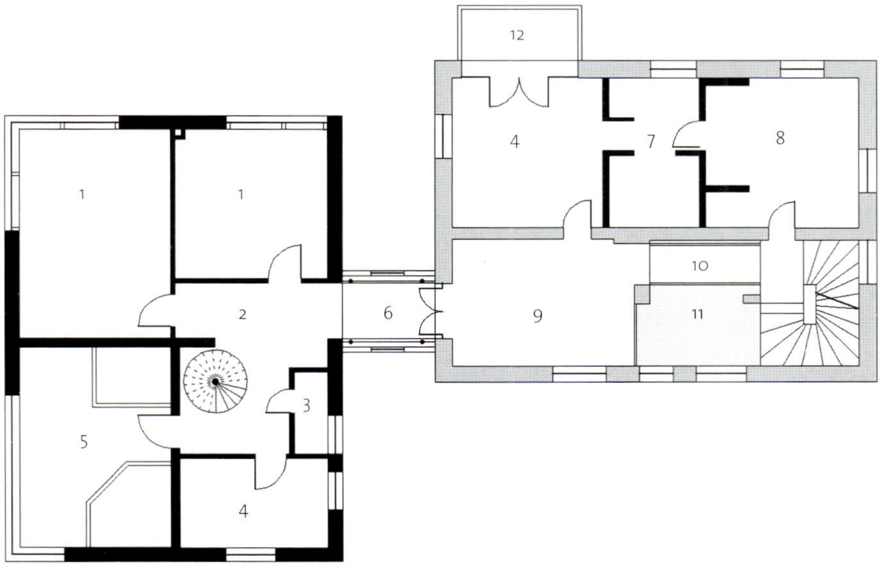

Obergeschoss
M 1:200

1 Arbeiten
2 Diele
3 WC
4 Schlafen
5 Sauna
6 Glassteg
7 Ankleiden
8 Bad
9 Galerie
10 Brücke
11 Luftraum
12 Balkon

Im Obergeschoss des Altbaus wurde zu Gunsten einer zweigeschossigen Galerie eine Decke entfernt. Zur renovierten Treppe gelangt man jetzt über eine links im Hintergrund sichtbare, parkettbelegte Stahlbrücke.

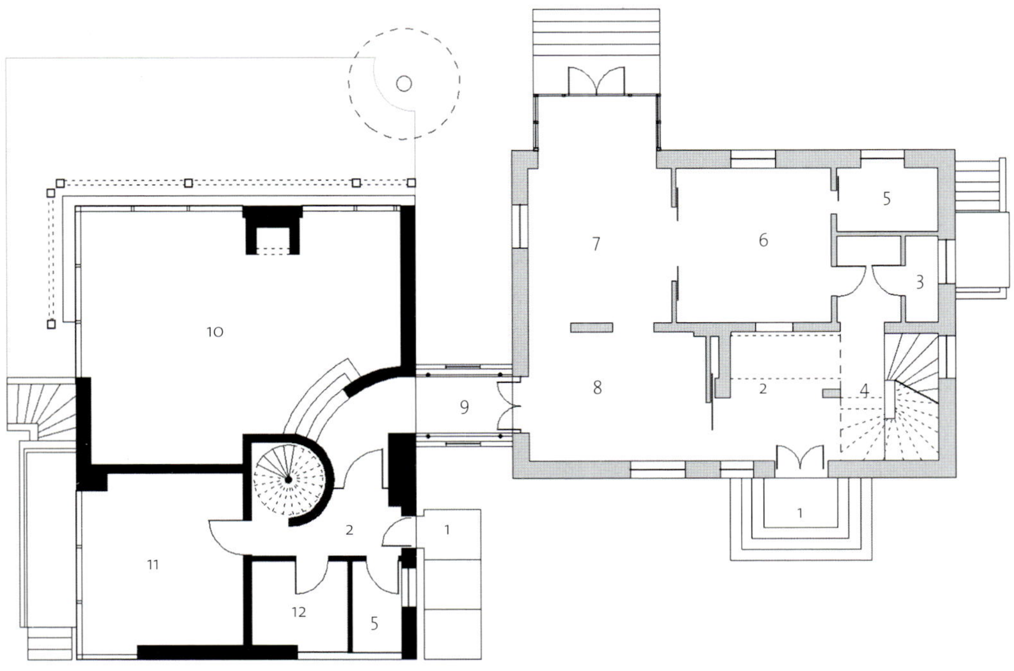

Erdgeschoss
M 1:200

1 Eingang
2 Diele
3 WC
4 Garderobe
5 Abstellraum
6 Küche
7 Essen
8 Kaminzimmer
9 Glassteg
10 Wohnen
11 Gast
12 Bad

Baudaten:

Baujahr Bestand:
um 1900
Bauweise:
Vollziegelmauerwerk mit Holzbalkendecken
Baujahr Umbau:
2000
Grundstücksgröße:
ca. 2500 m²
Wohnfläche vorher/nachher:
155 m²/480 m²
Anzahl Bewohner:
4
Baukosten gesamt:
680.000 Euro
Baukosten je m²:
1.400 Euro

Faltung in der Lücke

An- und Umbau eines Fischerhauses in Köln
Architekt: Jörg Ziolkowski, Köln

Lageplan

Projektübersicht:

Aufgabe:
An- und Umbau eines Fischerhauses in Köln
Bedingungen:
Enges Grundstück, baufällige Nebengebäude
Lösung:
Abriss der Nebengebäude, Entkernung des Altbaus, neuer Anbau
Sonstiges:
Komplette Revitalisierung, neues Innenleben
Bauweise und Materialien Anbau
Wände:
Hohlkammerziegel glatt verputzt, zum Teil Sichtbetonwände
Decken:
Betondecken teilweise sichtbar belassen
Dach:
Begrüntes Flachdach

Nichts deutet mehr darauf hin, dass hier einmal Fische geschuppt, Netze geflickt und Planken geteert wurden. An der Straße ordnet sich die schmale Klinkerfassade der benachbarten Reihe von Vorstadthäusern unter. Doch auf der Rückseite, vom Garten aus, hat man einen Blick auf den Rhein und die vorbeiziehenden Lastkähne. Diverse An- und Zubauten hatten das alte Kerngebäude aus natursichtigen Feldbrandklinkern über die Jahrzehnte entstellt. Aufgesetzte Rollläden vor den ungeteilten Fenstern deuteten darauf hin, dass schon früher einmal Verbesserungen am Wohnstandard versucht wurden, die jedoch bei den oftmals üblichen Halbheiten endeten. Der Architekt gab sich mit diesen Versuchen nicht zufrieden.

Nach gründlicher Untersuchung der Bausubstanz entschied er sich für einen radikalen Neubeginn. Die bereits maroden Nebengebäude wurden abgebrochen und das Hauptgebäude bis auf das konstruktive Gerüst aus Mauern und Balkendecken entkernt. Den weiteren Entwurfsprozess kennzeichnet ein pragmatisches Grundkonzept: Decken und Wände des neuen Anbaus ergeben sich aus einem 40 Zentimeter dicken Band, das sich in mehreren Faltungen übereinanderlegt und abgestufte Baukörper ergibt. Der klare Grundkörper des Bestands wird dabei weitgehend nicht berührt.

Vor dem Umbau fristete das Haus ein „Aschenputtel-Dasein".

Rot engobiertes Glas leuchtet als Signet über dem neuen Eingang. Der weiße Putzmäander wahrt respektvollen Abstand zur Klinkerfassade des alten Fischerhauses.

Zwischen die Nachbargebäude faltet sich der Anbau, wobei der in der Gebäudetiefe etwas zurückversetzte Trakt auch in der Höhe abgesenkt wurde.

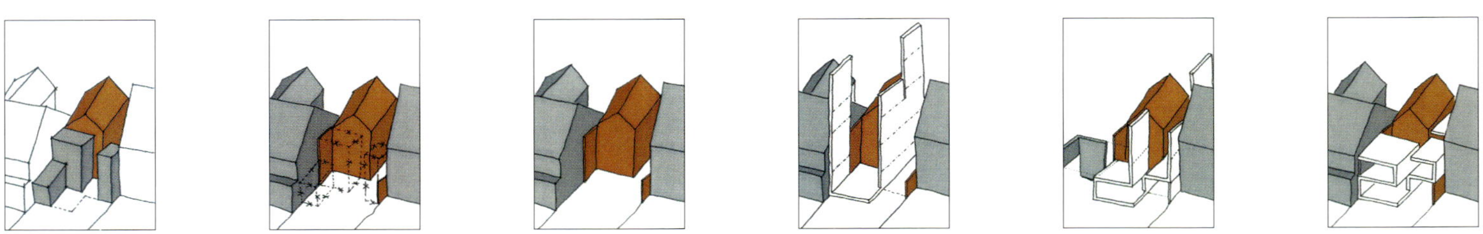

Skizzen des Architekten, die den Entwurfsvorgang vom Abriss des Bestandes bis zum neuen Anbau als Prinzip der Faltung veranschaulichen

Der Faltenwurf definiert eindeutig zum Rhein hin orientierte Öffnungen, die den Altbau hierzu in spannungsreichen Bezug setzen. Als Eingangssignet vermag im Zentrum der umlaufenden Faltung ein Carrée aus rot lackierten Paneelen die Blicke auf sich zu ziehen. Der etwas zurückgesetzte Eingang gibt den Weg in das Büro und durch eine Seitentür in den Altbau frei. Überraschend bleibt der Kontrast aus Neu und Alt im Inneren sichtbar. Er wird regelrecht inszeniert.

Im zentralen Treppenhaus des Anbaus fällt Tageslicht bis ins Erdgeschoss, da die Verbindungstreppe zum Schlaf- und Wohngeschoss als minimierte Glaskonstruktion ausgebildet wurde. Auf dem gläsernen Podest stehend kann der Blick einerseits in den Altbau mit seinen gebürsteten Feldklinkern und andererseits entlang der Sichtbetonwände des Anbaus hinaus in die Weite der Rheinauen schweifen.

Im Garten oberhalb des Rheinufers ließen sich die restlichen Klinker des Abbruchs der Nebengebäude gut für den Bau der Wege wiederverwenden.

Vom Balkon des Wohnzimmers schweift der Blick über das nahe Rheinufer mit den vorbeiziehenden Schleppkähnen.

Durch das verglaste Treppenhaus strömt Licht in den Kern des Hauses. Die Nahtstelle zwischen Alt und Neu könnte nicht klarer akzentuiert sein

Blick in die Leseecke des Wohnzimmers.

Erdgeschoss
M 1:200

1 Gartenterrasse
2 Spielen
3 Essen
4 Küche
5 Treppenhaus
6 Abstellraum
7 Arbeiten
8 Diele
9 Eingang
10 Hobbyraum

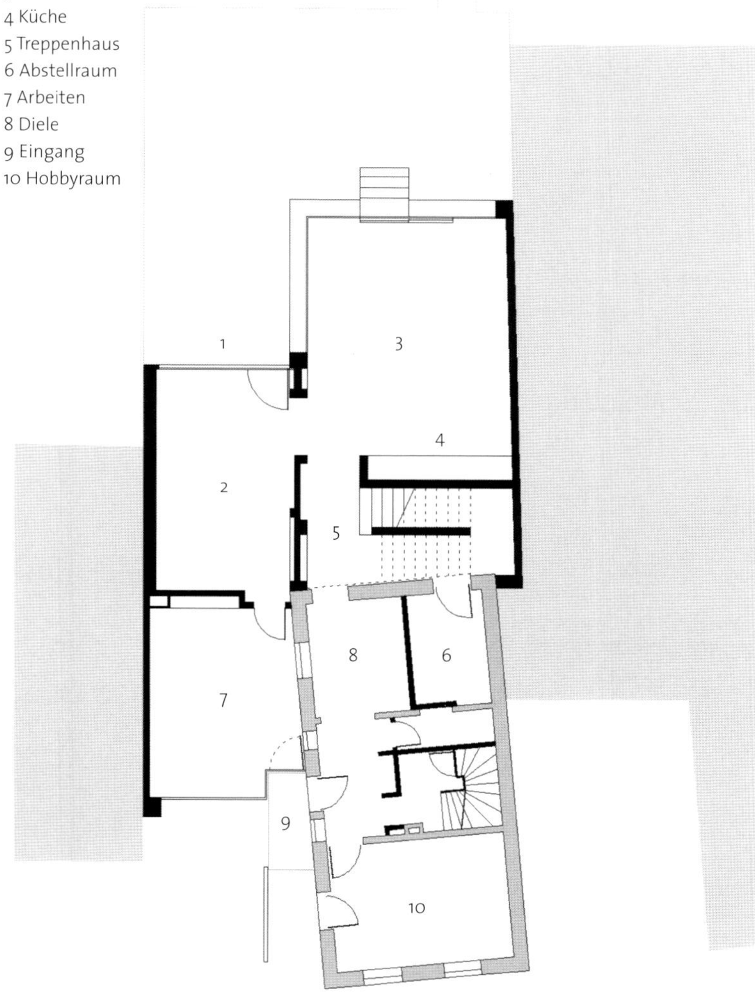

Obergeschoss
M 1:200

1 Schlafen
2 Loggia
3 Wohnen
4 Treppenhaus
5 Flur
6 Bad
7 Ankleiden
8 Medienraum
9 Kind
10 Diele

Baudaten:

Baujahr Bestand:
1910
Bauweise:
Mauern aus Feldbrand-klinkern und Holzbalkendecken
Baujahr Umbau:
2000
Grundstücksgröße:
ca. 510 m²
Wohnfläche vorher/nachher:
115 m²/240 m²
Anzahl Bewohner:
4
Baukosten gesamt:
ca. 275.000 Euro
Baukosten je m²:
1.150 Euro

Die unverstellte Materialsprache kennzeichnet beide Treppenläufe: Das Holzparkett des unteren Laufs nimmt Bezug zum Boden auf, während der obere Treppenlauf als Stahlglaskonstruktion sich an das Glasdach der Treppenhalle anlehnt.

In zweiter Reihe

An- und Umbau eines Wohnhauses in Offenbach an der Queich
Architekten: Haack+Lauerbach, Knittelsheim

Lageplan

Projektübersicht:

Aufgabe:
An- und Umbau eines Wohnhauses in Offenbach
Bedingungen:
Enges Grundstück, lang gestrecktes Bestandsgebäude mit Garagenanbau
Lösung:
Abriss der Garage, Hofbildung durch quer gestellten Anbau, Eingang über Glashaus
Sonstiges:
Erneuerung der Haustechnik, Einbau von wärmedämmenden Fenstern
Bauweise und Materialien Anbau
Wände:
Verputztes Ziegelmauerwerk, Metallglasfassaden
Decken:
Holzbalken mit Tonziegelausfachung

Blick vom Garten auf das alte Nebengebäude vor dem Umbau.

Wer die Straßendörfer der Pfalz kennt, weiß um den Typus in der Abfolge von giebelständigen Häusern und schmalen Hofeinfahrten. Die Grundstücke erstrecken sich wie in unserem Fall bei nur 8 Meter Schmalseite an der Strasse über 80 Meter in die Tiefe. Im rückwärtigen Bereich, sozusagen in zweiter Reihe, trennen kleine, quer gestellte Nebengebäude den eigentlichen Wirtschaftshof vom Garten. Den Bauherren und deren beauftragten Architekten ging es darum, dieses Schema aufzugreifen und neu zu interpretieren.

Der Garagenanbau mit schadhaftem Flachdach wurde abgerissen, um die Längsseite und damit den Zugang zum rückwärtigen Teil des lang gestreckten Bestandsgebäudes frei zu legen. Dadurch konnte die Eingangssituation nach hinten verlegt werden. Von der Strasse aus führt ein schmaler Holzsteg entlang des Altbaus bis zu einem kleinen Atriumhof, der sich durch den neuen Querbau und einen schmalen Glaszwischentrakt ergibt. Der verglaste Verbindungsbaukörper zwischen Alt und Neu bringt Licht in den Hinterhof und lässt die Brandwand zum Nachbargebäude, die mit Sandsteinquadern verblendet wurde, sichtbar werden. Der Altbaugrundriss wurde bis auf wenige Änderungen übernommen, aber komplett im Zuge der Baumaßnahme modernisert. Eine neue Heizung hob den Wohnstandard. Die bestehende Treppe wurde belassen, sodass auch eine abgetrennte Einliegerwohnung durch wenige Umbauten entstehen könnte.

Im Erdgeschoss des neuen Anbaus liegt im Anschluss an die Eingangshalle das Wohnatelier der Bauherrin mit Blick auf den Garten. Vom verglasten Eingang führt eine neue einläufige Stahlholztreppe ins Obergeschoss zum Wohn- und Essbereich, der in den Altbau eingreift. In den Versprung der Brandwand zum westlichen Nachbarn wurde eine zusätzliche Wendeltreppe integriert, die vom Atelier des Anbaus über den Wohnraum im Obergeschoss auf die im Dachraum befindliche Schlafgalerie emporführt. Die Materialien des Neubaus wurden an die Altbausubstanz angepasst. Eine Tonziegel-Balkendecke im Erdgeschoss erinnert an traditionelle Fehlbodendecken. Die eingefärbten Putzoberflächen sollen den Kontrast zu den schwarzen, großformatigen Schieferplatten des Erdgeschosses und zu den Vollholzdielen des Obergeschosses beleben.

Rückblick aus dem neuen Querbau bis zur Straße, links im Bild der verglaste Zwischentrakt.

Die Rückwand des verglasten Verbindungsbaus ist mit Sandsteinquadern verblendet.

Gesäumt von Efeu und anderen Grünpflanzen führt ein langer Holzsteg von der Straße durch Kiesflächen zum rückwärtigen Hof.

Der quadratische Teich vor dem zurückgesetzten Glastrakt ist Zugewinn und gleichzeitig die Visitenkarte des Hauses.

Das Schlafzimmer im Spitzboden wird über die Firstverglasungen belichtet.

Schwarze Schieferböden und eine Ziegel-Bohlendecke im Erdgeschoss zeigen erst auf den zweiten Blick, dass der Querbau ein Neubau ist. Bewusst wurde eine eher rustikale Palette von Materialien gewählt, da man sich zwischen Zugangshof und rückwärtigem Garten nicht immer mit sauberem Schuhwerk bewegt.

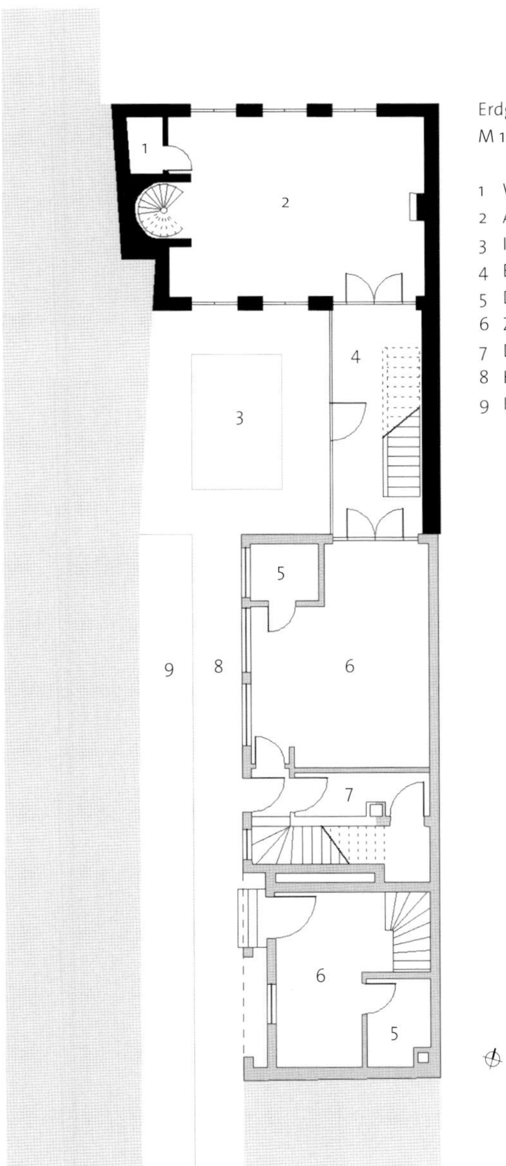

Erdgeschoss
M 1:200

1 WC
2 Atelier
3 Innenhof
4 Eingang
5 Dusche
6 Zimmer
7 Diele
8 Holzsteg
9 Kiesfläche

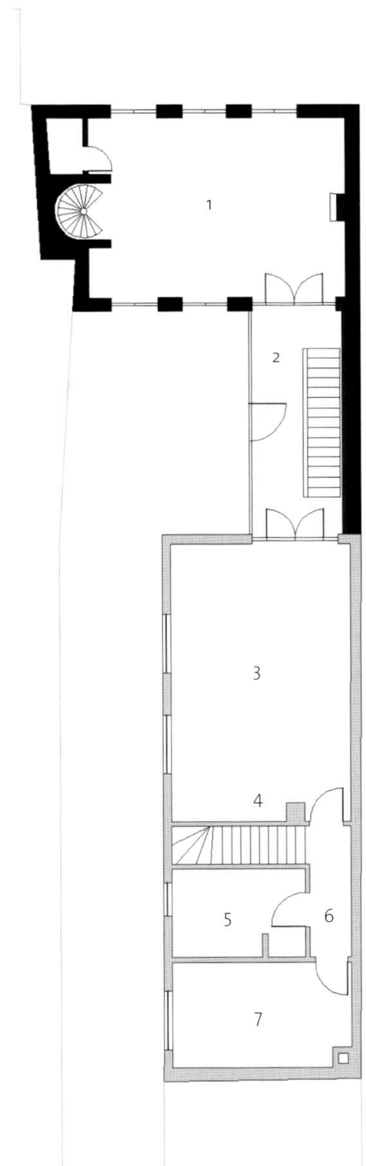

Obergeschoss
M 1:200

1 Wohnen
2 Diele
3 Essen
4 Kochnische
5 Bad
6 Flur
7 Zimmer

Baudaten:

Baujahr Bestand:
ca. 1915, Anbau um 1968 ergänzt
Bauweise:
Verputztes Ziegelmauerwerk mit Holzbalkendecken
Baujahr Umbau:
2002
Grundstücksgröße:
680 m²
Wohnfläche vorher/nachher:
94 m²/212 m²
Anzahl Bewohner:
3
Baukosten gesamt:
ca. 175.000 Euro
Baukosten je m²:
1.500 Euro

Klassische Modernisierung

Umbau eines Wohnhauses in Thalwil/Schweiz
Architekten: Hemmi+Fayet ETH SIA, Zürich/Schweiz

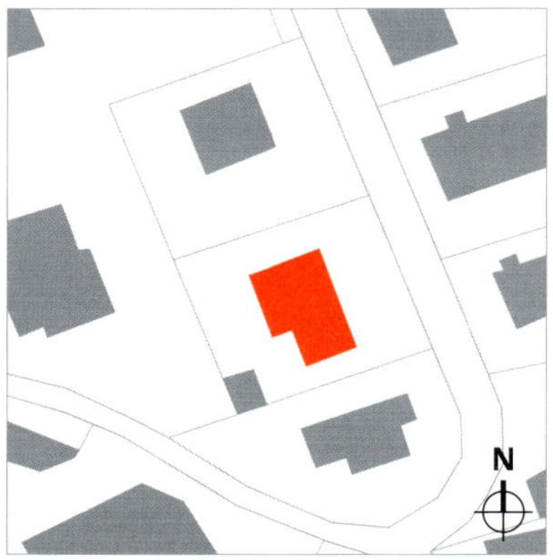

Lageplan

Projektübersicht:

Aufgabe:
Modernisierung eines Wohnhauses in Thalwil/Schweiz,
Bedingungen:
Sanitärausstattung veraltet, keine Veränderung der Gebäudekubatur
Lösung:
Ausbau des Spitzbodens, komplette Dämmung des Daches, Grundrissänderung im EG
Sonstiges:
Heizungsanlage neu, Fenster wurden ausgetauscht

Nichts deutet von außen auf die Komplett-Modernisierung des Gebäudes hin, obwohl ein nicht gerade hübscher Vorbau an der Westseite deutlich macht, dass vor Jahren hier schon mindestens einmal umgebaut wurde. Wie bei vielen Villen aus den 20er-Jahren des vorigen Jahrhunderts war die Substanz der dicken Vollziegelmauern jedoch ausreichend bemessen, um mit neuen Wärmeschutzfenstern annähernd die heutigen Anforderungen des Wärmeschutzes zu erreichen. Auf eine zusätzliche Dämmung der Wände wurde verzichtet. Insbesondere die Haustechnik, schon an der Ausstattung der Bäder und Toiletten abzulesen, konnte heutigen Standards nicht mehr genügen.

Den neuen Besitzern des Hauses, einer Familie mit zwei Kindern, gefiel zwar die Lage des Hauses und die Gestaltung der Außenfassade. Die Innenräume waren für ihre Raumbedürfnisse aber zu eng bemessen und auch gestalterisch sollte ein neuer Wind wehen: eine typische Modernisierungsaufgabe für das junge Schweizer Architektenteam, das sie mit dem Umbau beauftragten. Vor allem die vorhandene Raumaufteilung im Hochparterre sollte offener und freizügiger werden. Die freundliche Atmosphäre, die der erst vor wenigen Jahren angebaute Glasvorbau im Hausinneren schuf, sollte sich auch am Essplatz spürbar erleben lassen. Deshalb wurde eine Küchenwand abgebrochen und die Küchenzeile mit dem Frühstückstresen etwas in

Außer einem neuen Anstrich von Fensterläden und Wänden deutet nichts auf die Sanierung des Anwesens hin. Der links im Bild unter dem Balkon eingebundene Vorbau ist früheren Datums und wurde von den Bauherren akzeptiert.

Durch den Abbruch der Küchenzwischenwand kann der Tresen weit in den Essraum vortreten.
Das Fehlen von Türen verdeutlicht die offene Grundrisskonzeption.

Mut zur Farbe beweist das Kinderbad im Obergeschoss. Wasserabweisende Lacke ersetzen die Fliesen.

Weit schweift der Blick durch das Türfenster mit dem französischen Balkon über den Ort Thalwil hinaus auf den See.

den Essbereich vorgeschoben, um so auch von der Belichtung eines zweiten Fensters zu profitieren. Die Zugängigkeit des Wohnraums wurde dagegen vom Familientrubel abgeschottet. Im Obergeschoss wurden neben den klassischen Modernisierungsmaßnahmen wie neuen Heizkörpern und Fenstern nur oberflächliche „kosmetische Veränderungen" vorgenommen: Überarbeiten der Wände, der Elektroleitungen und Fußböden. Umfangreiche Sanierungen hingegen im Bad: Es ist nicht nur wegen der neuen Sanitärobjekte kaum mehr wieder zu erkennen. Freundliche Farben werten den ehemals düsteren Raumeindruck auf. Wesentlichen Raumgewinn brachte jedoch erst der Ausbau des Dachbodens. Eine Umdeckung des Daches kam nicht in Frage. Deshalb wurde von innen eine Sparrenvolldämmung mit davor liegender Dampfbremse notwendig, die die Hinterlüftung des Daches unterhalb der Dachlattung sichert. Es versteht sich fast von selbst, dass die klare Detailsprache sich auch im Ausbau des Spitzbodens wiederfindet. Große Dachflächenfenster belichten einen weiß gestrichenen, firsthohen Raum, in dem das Holz der Pfetten und Kopfbänder abgebürstet und sichtbar belassen wurde. An der gegenüber liegenden Giebelfront wurde ein zweites Bad eingebaut, das ebenso wie der darunter befindliche Sanitärbereich mit einer fast wohnlichen Atmosphäre aufwartet. Morgens haben die Bewohner, wenn sie die Läden des Badezimmers öffnen, einen großartigen Blick auf den nicht weit entfernten See.

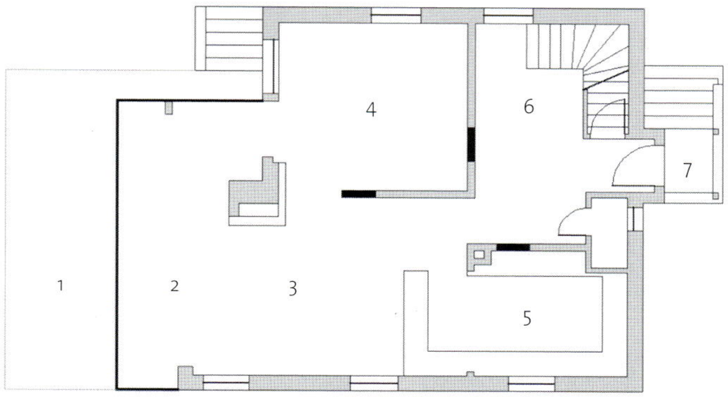

Erdgeschoss
M 1:200

1 Terrasse
2 Wintergarten
3 Essen
4 Wohnen
5 Küche
6 Diele
7 Eingang

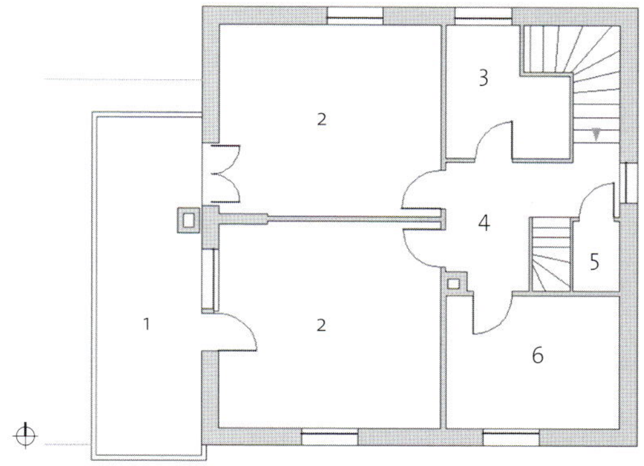

Obergeschoss
M 1:200

1 Balkon
2 Schlafen
3 Bad
4 Diele
5 Toilette
6 Arbeiten

Baudaten:

Baujahr Bestand:
1925, Gartenhalle 1969,
Wintergartenanbau 1991
Bauweise:
Vollziegelmauerwerk
mit Holzbalkendecken
Baujahr Umbau:
2001
Grundstücksgröße:
585 m²
Wohnfläche vorher/nachher:
153 m²/182 m²
Anzahl Bewohner:
4
Baukosten gesamt:
448.000 Euro
Baukosten je m²:
2.400 Euro

Die rötliche Holzfront des Elternbades im Spitzboden vermittelt einen fast wohnlichen Charakter.
Der Durchblick zeigt den eigentlichen Raumgewinn unter dem Dach: ein Studio, das alternativ auch als Schlafraum oder als Gästezimmer nutzbar ist.

Freigelegt und eingebunden

Erweiterung eines Wohnhauses in Esch sur Alzette/Luxemburg
Architekten: Atelier H2S, Heirend-Schmit-Servais, Luxemburg

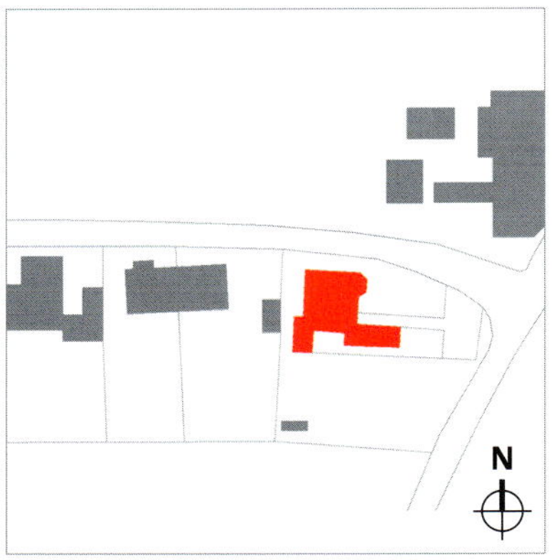

Lageplan

Projektübersicht:

Aufgabe:
Sanierung und Erweiterung eines Wohnhauses in Esch sur Alzette/ Luxemburg
Bedingungen:
Nordhang, kleines Bestandshaus, ungenügende Nebengebäude
Lösung:
Abriss des Nebengebäudes und Anbau im Süden, um einen Hof gruppiert
Sonstiges:
Neue Isolierverglasung, Dämmung des Daches, neue Gartenterrassen
Bauweise und Materialien Anbau
Wände:
Naturbimsbausteine mit glatt abgeriebenem Kalkputz
Dächer:
Stahlbeton, Flachdach mit Bekiesung

Das schiefergedeckte Wohngebäude auf einem Eckgrundstück am Stadtrand der luxemburgischen Kleinstadt Esch sur Alzette genügte den räumlichen Vorstellungen der neuen Besitzer nicht mehr. Ein L-förmiger Anbau, der aus einer fensterlosen Küche, einem Zimmer zur Straße und einem einfachen Glasanbau bestand, legte sich wie eine Zwinge um die Süd- und die Westseite des Hauses. Das Gestrüpp auf der Hangseite raubte dem Gebäude zudem alles Sonnenlicht.

Nach verschiedenen Überlegungen stand fest, dass nur ein Abriss des Nebengebäudes eine tatsächliche Verbesserung ermöglichen würde. Der lang gestreckte neue Anbau an der Südseite, der um ein halbes Geschoss angehoben wurde, konnte so einerseits den Bezug zum südseitigen Gartenhang aufwerten und andererseits die Aussicht auf das Stadtpanorama freilegen. Die Reduktion der neuen Baukörper auf kantige, spärlich profilierte Details wirkt positiv im Gesamtensemble. Bündig in die massiven Putzwände gesetzte Fensteröffnungen unterbrechen die Wirkung der bildhaueri-

Das komplett eingewachsene Haus war unzureichend belichtet und zudem renovierungsbedürftig.

Die sich vom schlanken Anbau hangaufwärts staffelnden Gartenterrassen warten noch auf ihre Eingrünung.

Der Anbau ist ganz der Moderne verpflichtet und stemmt sich wie die Natursteinmauern gegen den Hang. Die Geste der Öffnung, die sich in der schmalen Fuge zwischen Alt und Neu als Zugang zum Haus auftut, ist für jeden Besucher verständlich.

Sonnenlicht kann dank der eingeschnittenen Gebäudenische sowohl in die Diele als auch in den dahinter liegenden Baukörper des Bestands tief eindringen.

schen Gebäudeform kaum. Das Herzstück des Entwurfs bildet jedoch ein Gebäuderücksprung an der Südseite, in dem eine mit Lärchenriemen belegte Terrasse eingebettet ist, deren umgebende, großzügig verglaste Wände wie eine Sonnenfalle wirken. Nicht nur der Querflur, sondern auch die dahinter liegende Eingangszone sowie der Übergang zum Altbau mit dessen Treppenhaus wird bei tiefem Sonnenstand in Streiflicht getaucht.

Der eingeschossige Anbau enthält im Wesentlichen drei Räume als Ersatz für verlorene Flächen aus dem abgerissenen Nebengebäude: Küche und Essraum sowie ein Arbeitszimmer. Im Erdgeschoss des Kerngebäudes verblieb der Wohnraum mit angegliederter Bibliothek. Der untere Treppenlauf wurde bis zum Podest rückgebaut und durch zwei Distanztreppen vor der alten Gebäudeflucht ersetzt. Dadurch konnte der Treppenraum als ungewöhnlich großzügige Empfangsdiele hinzugewonnen werden, was den Repräsentationspflichten des Bauherrn entgegen kommt. Die Schlafzimmer im Obergeschoss wurden nur geringfügig verändert, jedoch das Badezimmer komplett renoviert. Das Dach musste neu gedeckt und isoliert werden, sodass der Dachraum nun als zusätzlicher Gästeraum zur Verfügung steht. Die alten Fenster wurden komplett durch neue Isolierfenster ausgetauscht. Der Wunsch der Bauherren, möglichst nur ökologisch unbedenkliche Baumaterialien zu verwenden, lässt sich an den nur mit Hartleinöl gefirnisten alten Dielenböden ablesen. Die Sanitär- und Elektroinstallationen wurden so weit möglich belassen, während jedoch der alte Heizölkessel gegen einen modernen Brennwertkessel ersetzt wurde.

In drei Raumschichten gliedert sich der Anbau auf: Links der tiefer liegende Eingangsflur, in der Mitte der Querflur zur Küche und zum Essraum und rechts davor die holzgedeckte Terrasse mit den abgtreppten Böschungsmauern des Gartens.

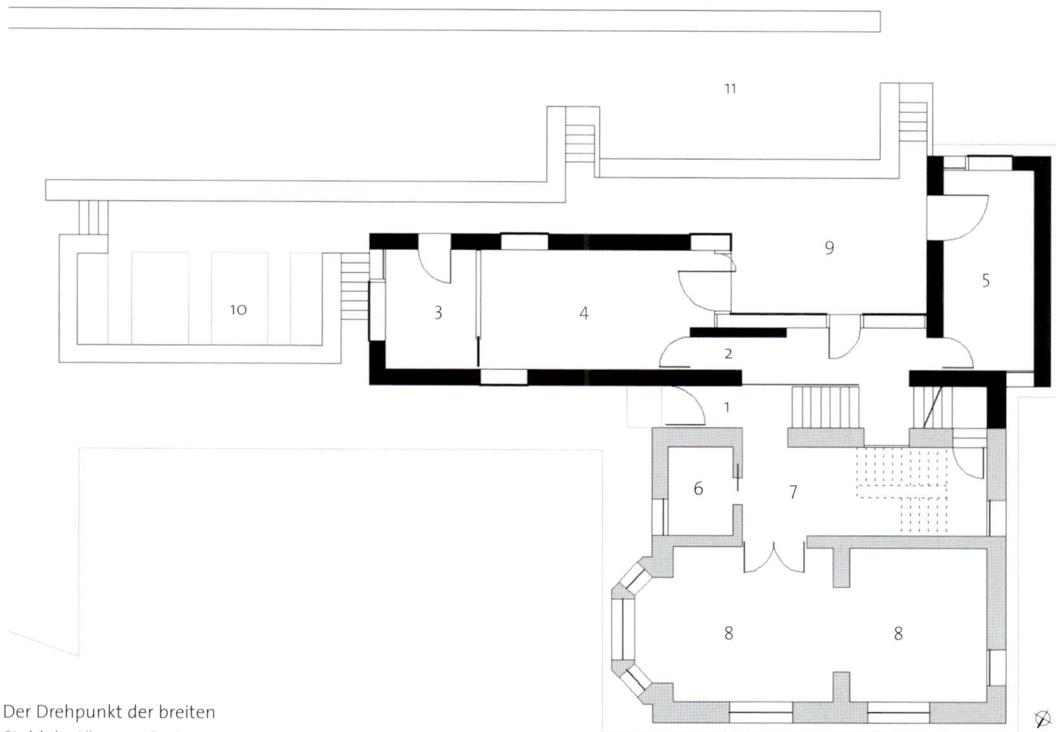

Erdgeschoss
M 1:200

1 Eingang
2 Flur
3 Küche
4 Essen
5 Arbeiten
6 Dusche
7 Diele
8 Wohnen/Bibliothek
9 Terrasse
10 Gemüsegarten
11 Gartenterrasse

Baudaten:

Baujahr Bestand:
ca. 1928
Bauweise:
Vollziegelmauerwerk mit Holzbalkendecken
Baujahr Umbau:
2001
Grundstücksgröße:
ca. 1.040 m^2
Wohnfläche vorher/nachher:
ca. 150 m^2/210 m^2
Anzahl Bewohner:
3
Baukosten gesamt:
keine Angabe
Baukosten je m^2:
keine Angabe

Der Drehpunkt der breiten Stahlglastür zum Gartenhof liegt von der Bandseite nach innen versetzt. Rechts im Hintergrund das Podest mit Anschluss an den Altbau

Schnitt
M 1:200

1 Terrasse
2 Garten
3 Flur
4 Diele
5 Treppenhaus
6 Wohnen
7 Schlafen
8 Gast
9 Keller
10 Straße

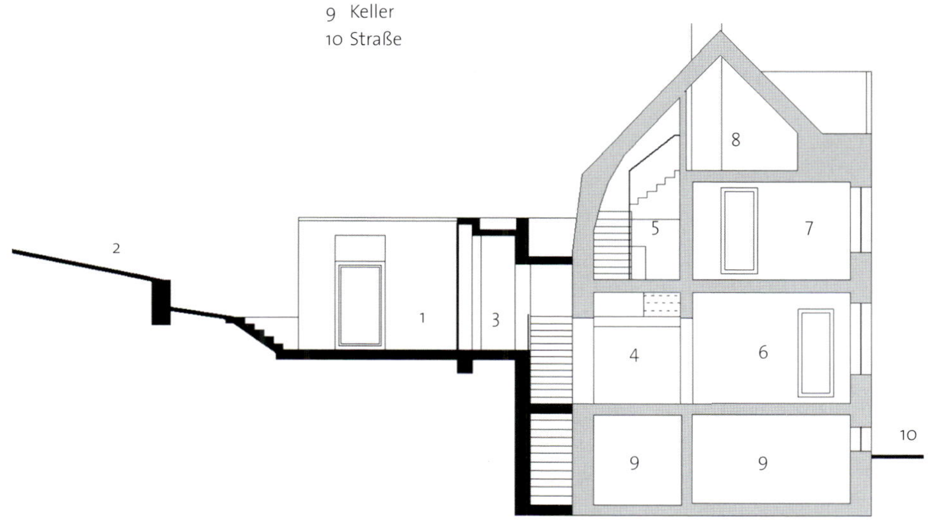

Transparenter Umgriff

Anbau an ein Wohnhaus in Horgen/Schweiz

architektick/Tina Arndt+Daniel Fleischmann, Zürich/Schweiz

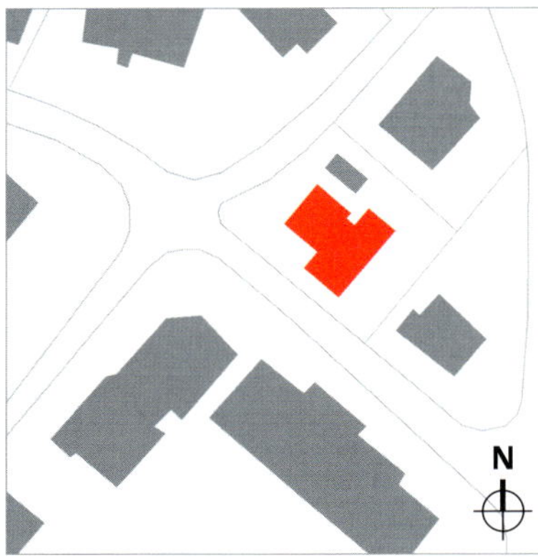

Lageplan

Unscheinbar duckt sich der Anbau neben den steilen Hausgiebel des Altbaus. Nur das helle Portal hinter den Steinkörben, die die Garteneinfassung bilden, lässt auf Neues schließen.

Projektübersicht:

Aufgabe:
An- und Umbau eines Wohnhauses in Horgen/Schweiz

Bedingungen:
Beengte Raumverhältnisse, Hanggrundstück, bewohntes Haupthaus

Lösung:
Halbgeschossig versetzter Anbau mit Hofbildung

Sonstiges:
Küchenumbau und Anpassungen im Altbau

Bauweise und Materialien Anbau

Wände:
Holzelementbauweise mit Zellulosedämmung, hinterlüftete Lärchenschalung

Dach:
Holzrahmenwerk mit begrüntem Flachdach

Der jungen Bauherrenfamilie mit zwei kleinen Kindern wurde das gepflegte Siedlungshaus mit Sprossenfenstern und grünen Fensterläden, etwas oberhalb vom Zürichsee in Horgen gelegen, zu eng. Da das Haus mittig in einem relativ großen Hanggrundstück mit leichtem Gefällle steht, sind die Bedingungen ideal für einen Anbau. Ungünstig stellt sich dagegen die Topografie des Hanges dar: Hangseitig befindet sich die Straße, zum anderen ist es ein Südhang. Der Entwurf der jungen Architekten Tina Arndt und Daniel Fleischmann versucht hier positiv gegenzuwirken.

Der Anbau in T-Form umschließt südwärts einen Terrassenhof. In Metallkörben gestapelte Natursteine bilden eine brusthohe Gartenmauer. Nordwärts in Richtung des abfallenden Gartens fügt sich der niedrige Baukörper an, der um ein halbes Geschoss zum Erdgeschoss versetzt wurde. Dieser enthält einen flexiblen Raum, der zusammen mit angegliedertem Bad und Miniküche auf Kellerniveau als komfortables Gästezimmer oder auch als Spielzimmer für die Kinder oder später vielleicht als potenzielles Einliegerappartement dienen kann. Nur über wenige Stufen verbunden, gruppieren sich um den oberen Hof die Gemeinschaftsräume der Familie, das Esszimmer und, rechtwinklig dazu, der leicht abgesenkte Wohnraum. Unter dem gemeinsamen Flachdach öffnen sich die Räume mit hohen, rahmenlosen Verglasungen zu dem kleinen Patio, der im Sommer als Zimmer ohne Dach räumliche Erweiterung bietet.

Die Konstruktion des Anbaus sollte stützenlos sein, um die erwünschte Offenheit zu unterstreichen. Ein breites Betonportal, das den angedeuteten Innenhof zur Straße hin räumlich abschließt, weist auf die hauptsächliche Funktion als Tragstruktur hin, die jene Leichtigkeit der rahmenlosen Glasfassaden trotz der weit gespannten Holzelementbauweise erst möglich macht. Während der Bautätigkeit wurden auch Eingriffe in die Altbausubstanz notwendig, die jedoch bis auf einige haustechnische Veränderungen so gering wie möglich sein mussten, da das Haus während der gesamten Bauzeit bewohnt blieb. Angenehm für den Betrachter hebt sich auch das Grasdach auf dem Anbau hervor, das die überbaute Gartenfläche zu kompensieren versucht.

Spärlich, aber gezielt wurde die dem Hangverlauf folgende, mit Lärchenholz verkleidete Längsfassade mit Aluminiumfenstern versehen.

Die raumhohe Verglasung ohne Halteprofile war nur möglich, weil die gesamte Last der Dachkonstruktion auf einem Stahlbeton-portal aufgelagert wurde.

Die Holzterrasse, die den kleinen Innenhof zu einem Zimmer ohne Dach aufwertet, ragt über die Vorderkante des Betonportals hinaus.

Knappe Details prägen die Gestaltung. Im Hintergrund sichtbar ein kleines Fenster, das den Blick auf den Pfirsichbaum im Garten weist.

Blick vom Wohnraum auf den überhöhten Essbereich mit der dahinter sichtbaren Küche im Altbau.

Um ein halbes Geschoss zum links im Hintergrund sichtbaren Wohnraum versetzt liegt ein Multifunktionsraum, der mit einer weiteren Treppe und dem Gästebad eine kleine Einheit bildet.

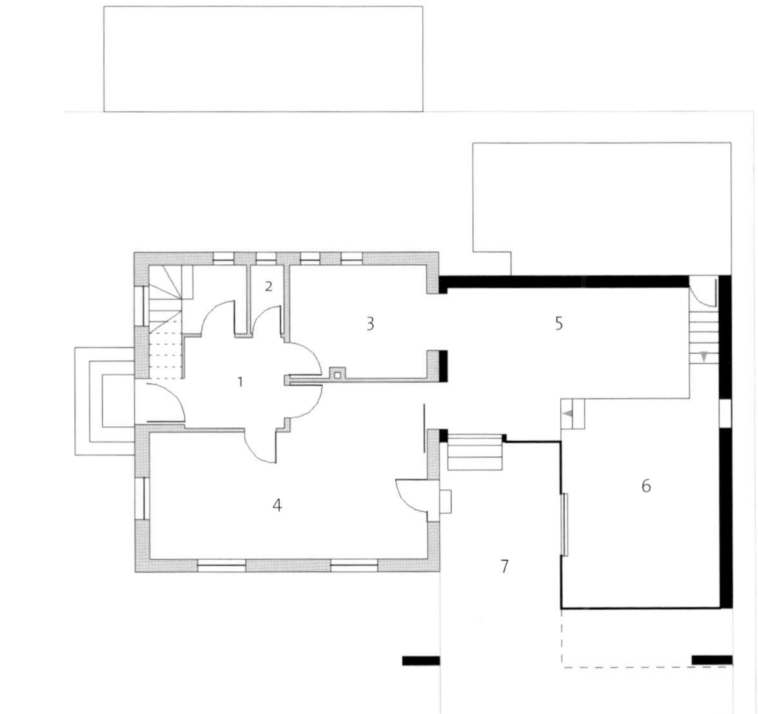

Erdgeschoss
M 1:200

1 Diele
2 Toilette
3 Küche
4 Arbeiten
5 Essen
6 Wohnen
7 Terrassenhof

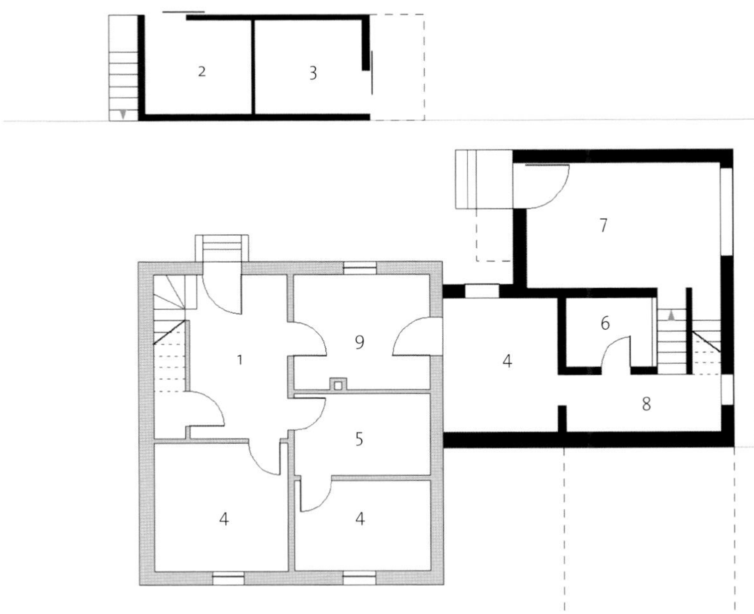

Untergeschoss
M 1:200

1 Eingang
2 Fahrräder
3 Abstellen
4 Keller
5 Heizung
6 Bad
7 Gast
8 Kochnische
9 Waschraum

Baudaten:

Baujahr Bestand:
ca. 1925
Bauweise:
Vollziegelmauerwerk
und Holzbalkendecken
Baujahr Umbau:
2000
Grundstücksgröße:
ca. 820 m²
Wohnfläche vorher/nachher:
135 m²/212 m²
Anzahl Bewohner:
4
Baukosten gesamt:
252.000 Euro
Baukosten je m²:
1.190 Euro

Schnitt
M 1:200

1 Altbau
2 Terrasse
3 Wohnen
4 Küche
5 Gäste
6 Kochnische

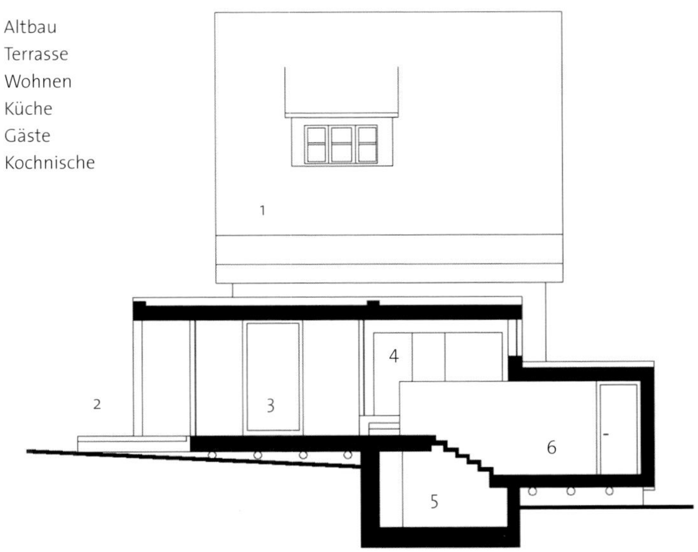

Wenn Bäder fliegen

Umbau eines Reihenhauses in Köln

Architekt: Prof. Randolph Liem, Ettlingen

Lageplan

Projektübersicht:

Aufgabe:
Umbau eines Reihenhauses in Köln
Bedingungen:
Denkmalschutz des Gebäudes, beengte räumliche Verhältnisse
Lösung:
Entkernung des Treppenhauses mit Oberlicht, Kleine Nasszellen als Implantate
Sonstiges:
Fassaden blieben unverändert, lediglich neue Wärmeschutzfenster
Bauweise und Materialien
Einbauten
Wände:
Trockenbau, Sicherheitsglas
Decken:
Stahlträger, Holzfachwerk, Trockenbau

Die so genannte Märchensiedlung entstand auf der Basis von Planungsvorgaben des im Köln der 20er-Jahre des vorigen Jahrhunderts bekannten Architekten Riphahn in Köln-Holweide. Die sich über mehrere Straßenzüge erstreckende Vorstadtsiedlung ist geprägt von tiefen Vorgärten und hinter dem Haus liegenden Nutzgärten. Die typisierten Reihenhausgrundrisse wurden oftmals von verschiedenen Architekten geplant.

Durch die kleinteilige Gliederung der Baukörper und Fassaden entstand eine gut abgestimmte Außenwirkung der Reihenhäuser. Jedoch mussten in unserem Fall wegen der tief liegenden Traufhöhe des Erkers und der kleinen Eckfenster Nutzungseinschränkungen und Einengungen der Innenräume in Kauf genommen werden. Dem Bauherrn lag sehr daran, weiterhin Elternhaus und Nachbarschaft beizubehalten, sofern die dunklen, engen Räume nach zeitgemäßen Wohnvorstellungen aufzuwerten waren.

Da ohnehin eine Modernisierung anstand, wandte er sich an den befreundeten Architekten, um für seine junge Familie eine ansprechende Innenraumgestaltung zu finden. Die Vorstellung vom offenen Wohnen ließ sich noch am leichtesten im Erdgeschoss durch den Abbruch von Innenwänden in Wohnraum und Küche verwirklichen. Eine leichte Glaswand trennt und verbindet jetzt beide Zonen miteinander. WC und eine Garderobe wurden als zusammengefügte Einheit wie ein Möbel in den Grundriss „implantiert". Das zeigt sich an der Glasdecke, die unterhalb der eigentlichen Decke liegt, deutlich.

Einen wesentlichen Raumgewinn brachte aber die Entkernung des Treppenhauses, das nun über ein Dachflächenfenster von oben belichtet wird. Die gefährlich steilen, gewendelten Treppen wurden durch zeitgemäß flache Stahltreppen mit Holztritten ersetzt. Im Erdgeschoss konnte diese einläufig und gerade verlaufen, wobei im Obergeschoss alle technischen

Blick über die tiefen Vorgärten auf das Reihenhaus. Außen blieb alles beim Alten.

Der gekrümmte Träger fängt die freien Enden der Holzbalkendecke auf. Der Glasschlitz soll auf die Trennung zwischen Alt und Neu hinweisen.

Der eingeschobene Baukörper im Erdgeschoss, der sowohl Garderobe und eine Gästetoilette beinhaltet. Im Hintergrund die Küche, rechts neben dem Toiletteneingang der Zugang zum Wohnzimmer.

Eine Computeranimation des neuen Treppenhauses. Links oben ragt das vom Architekten so genannte „fliegende" Bad in den Luftraum.

Die Ummauerung der Dusche baucht wie eine Litfasssäule in das Arbeitszimmer im Dachboden aus. Links davon der Podestaustritt auf die Brücke zum Treppenhaus.

Hier wird Raum wie auf einer engen Jacht gespart: Rechts das Halbrund der Dusche mit Glasdecke; mittig ein schlanker Glasschlitz bis unter das Dach; über dem Heizkörper ein Fenster, das in das Treppenhaus weist.

Möglichkeiten angewendet werden mussten, um das selbe niedrige Steigungsverhältnis zu erhalten. Der Antritt wurde auf Niveau des Bades der Kinder angehoben, die Wand etwas versetzt, um mehr Platz zu schaffen. Der obere Austritt der Treppe mündet auf einer frei im Treppenraum gespannten Stahlbrücke, die ihrerseits hoch in die Dachgeschoss-Ebene führt. Die Loslösung dieses Bauteils stellt die geringst mögliche Wandverschattung des einströmenden Tageslichts sicher. Das Einzigartige des ganzen Umbaus nennt der Architekt aber selbst das „fliegende" Bad. Auf einem gekrümmten Stahlträger aufliegend, schiebt sich das in den Dachgeschoss-Grundriss eingefügte Elternbad in den hohen Treppenraum. In der gewölbten Wandschale wurden drei Öffnungen ausgeschnitten, sodass der Bauherr, wenn er in der Badewanne liegt, wie durch ein Außenfenster eine optische Verbindung zum Treppenraum hat. Viele weitere Finessen, so schmale Wandeinbauschränke im Treppenraum und Glasschlitze zur Belichtung, zeigen die Absicht des Architekten, dem ehemals düsteren Gebäudekern effektiv und überzeugend Helligkeit und Transparenz zu verleihen.

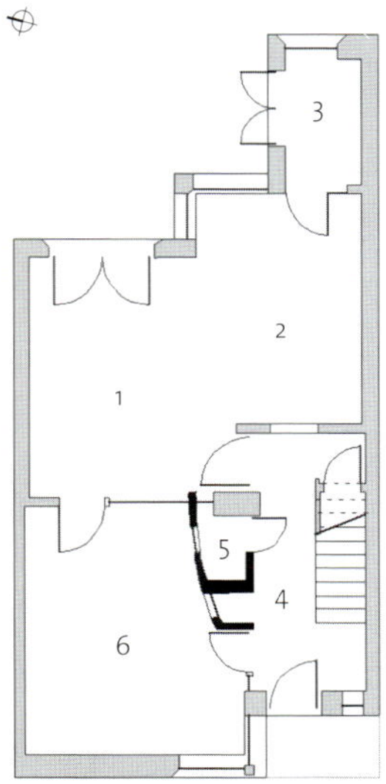

Erdgeschoss
M 1:200

1 Essen
2 Wohnen
3 Abstellen
4 Diele
5 WC
6 Küche

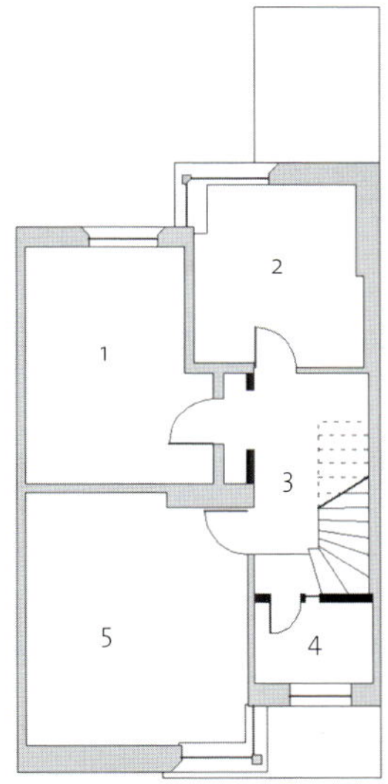

Obergeschoss
M 1:200

1 Kind
2 Gast
3 Diele
4 Bad
5 Kind

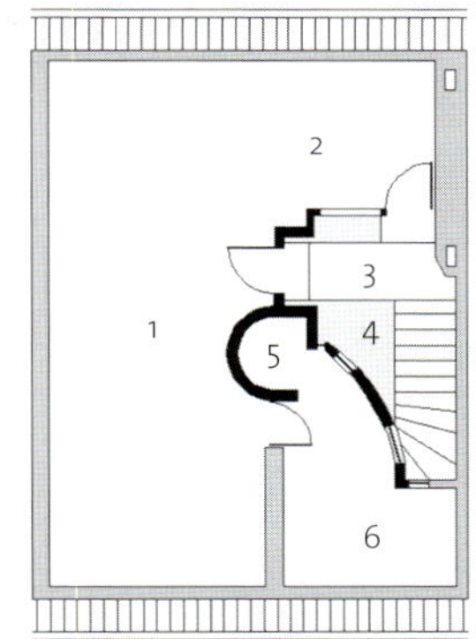

Dachgeschoss
M 1:200

1 Schlafen
2 Hobbyraum
3 Brücke
4 Luftraum
5 Dusche
6 Bad

Baudaten:

Baujahr Bestand:
1928
Bauweise:
Vollziegelmauerwerk mit Holzbalkendecken
Baujahr Umbau:
2001
Grundstücksgröße:
ca. 225 m²
Wohnfläche vorher/nachher:
128 m²/128 m²
Anzahl Bewohner:
4
Baukosten gesamt:
ca. 150.000 Euro
Baukosten je m²:
1.170 Euro

Die Absicht, die Einbauten als „Möbel" wirken zu lassen, macht das durchlaufende Glasband unter der Decke deutlich.

Vorbau im Schuppenkleid

Anbau an ein Siedlungshaus in Graz
Architekten: Köb+Pollak, Wolfurt

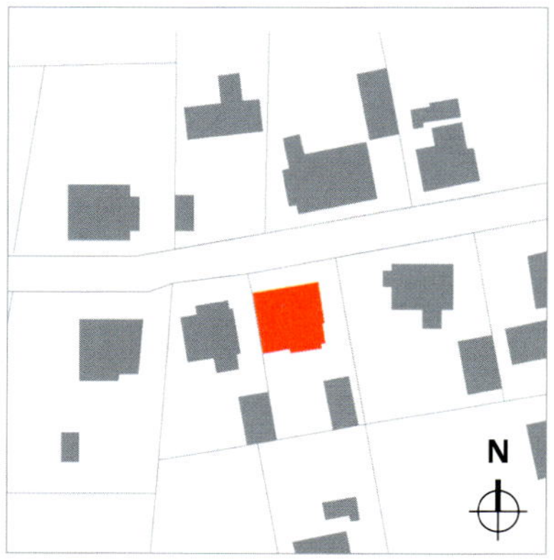

Lageplan

Projektübersicht:

Aufgabe:
Erweiterung eines Siedlungshauses in Graz
Bedingungen:
Minimaler Grundriss und beengtes Grundstück
Lösung:
Drehung der Zugangssituation und gartenseitiger Anbau
Sonstiges:
Verbesserung der Wärmedämmung im Altbau, Erweiterung der bestehenden Haustechnik
Bauweise und Materialien Anbau
Wände:
Wärmegedämmte Holzrahmen-Konstruktion mit Schiefer- bzw. Faserplattenverkleidung
Decken:
Holzkonstruktion mit unterseitigem Trockenbau
Dach:
Flachdach mit Folienabdichtung

Die Schlichtheit der Errichtungszeit in der Straßenfassade des kleinen Häuschens am Grazer Stadtrand ist noch spürbar. Auf knapp 50 Quadratmetern Grundfläche errichtet, drückt sich die Sparsamkeit jener Jahre zwischen den Weltkriegen aus, als es den Bewohnern darum ging, sich mit Kleintierzucht und Nutzgärten auf engsten Grundstücken selbst versorgen zu können. In den Jahren des Wirtschaftswunders kamen mit dem neuen Wohlstand auch neue Gestaltungsmittel, die das optische Erscheinungsbild veränderten. Kaum ein Haus der Siedlung blieb im Originalzustand bestehen. Was der Zeitgeist in Baumärkten günstig anbot, fand sich auch an den Fassaden wieder: von bunt gewürfelten Glasbausteinen bis zu gewellten Polyestereingängen.

Da die erwachsene Tochter der Bauherren im Elternhaus wohnen bleiben wollte, waren nicht nur lang aufgeschobene Sanierungen notwendig. Es musste zusätzlich neuer Wohnraum geschaffen werden. Den verantwortlichen Architekten ging es in erster Linie darum, den ursprünglich an der Südseite des Hauses befindlichen Eingang an die Ostseite zu verlagern. So konnte zum einen die Zuwegung von der Straße her verkürzt und zum anderen die Südfassade zur großflächigen Belichtung des kleinteiligen Grundrisses herangezogen werden. Über dem Kellersockel kragt die Betondecke des erdgeschossigen Anbaus aus. Neben einer deckenhohen Festverglasung,

Ansicht des Siedlungshauses vor dem Umbau

Ansicht vom Garten: Das Zimmer der Tochter überwölbt den zur Hälfte verglasten Baukörper, der über dem Erdboden zu schweben scheint.

Collage von Fassadentexturen: Die kleinformatigen Schieferplatten treten in Konkurrenz zu den großen Faserzementtafeln. Ein Glasschlitz trennt die beiden Flächen und belichtet die dahinter liegende Garderobe.

Der Eingang wurde von der Südseite an die Ostseite verlegt, um vom Wohnbereich über eine Terrasse den Garten direkt zu erreichen.

An Stelle der ursprünglich düsteren Treppe wurde einen flachere Version ohne Setzstufen eingebaut, die den Wohnraum mit den darüber liegenden Schlafräumen verbindet.

Die Dachterrasse scheint fast über dem Glasvorbau zu schweben. Die Gitterrost-Konstruktion wurde mit Zugseilen vom Hauptbaukörper abgehängt.

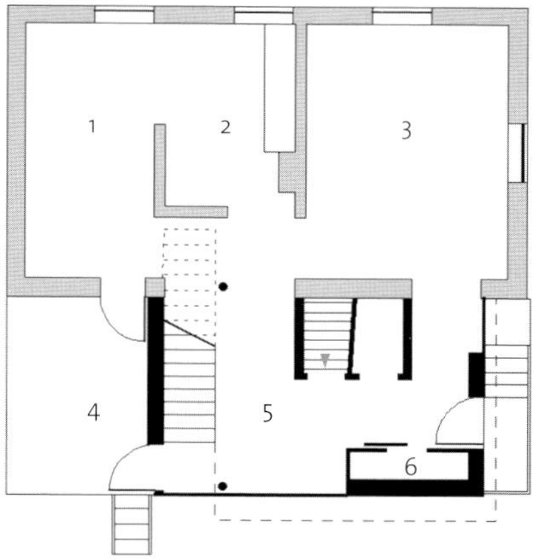

Erdgeschoss
M 1:200

1 Essen
2 Küche
3 Wohnen
4 Eingang
5 Diele
6 Terrasse

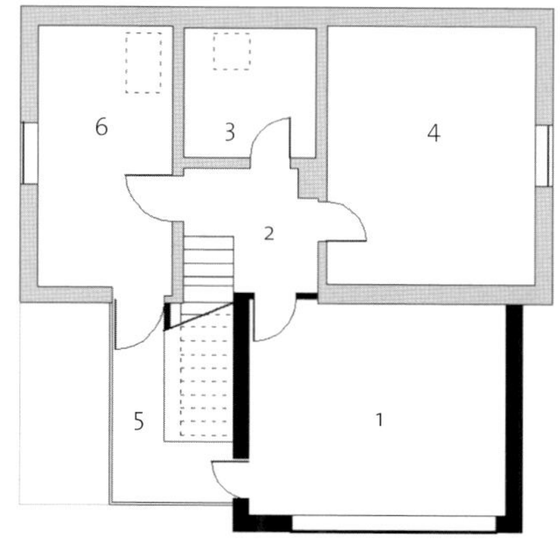

Obergeschoss
M 1:200

1 Kind
2 Diele
3 Bad
4 Eltern
5 Balkon
6 Arbeiten

die den dahinter liegenden Wohnraum optisch mit dem Garten verbindet, trennt ein umlaufendes Oberlicht den im Dachgeschoss noch weiter auskragenden Kubus voneinander ab. Während die Erdgeschosswände mit schwarzen Schieferschindeln analog zur Dachdeckung verkleidet wurden, um den warmen Charakter der Wohnebene fühlbar zu zeigen, sollte die Verkleidung des Obergeschosses im Gegensatz dazu mit unbehandelten Eternitplatten bewusst auf eine benachbarte Fassade mit dem gleichen Material antworten.

Minimal strukturierte Terrassen addieren sich wie selbstverständlich an die beiden Baukörper-Elemente. Um die Konstruktion der Aussichtsplattform, die sowohl vom Kinderzimmer im Dach des Altbaus als auch vom Elternschlafzimmer zugänglich ist, so weit möglich auszudünnen, zeigten die Architekten keine Scheu, Materialien aus dem Industriebau als Collage zu entfremden. An dünnen Stahlseilen hängt eine feine Stahlrahmenkonstruktion, die mit verzinkten Gitterrosten ausgefacht wird. Ein einfaches Stabgeländer aus handelsüblichen Rund- und Winkelprofilen bildet die notwendige Umwehrung. Der Altbau wurde neben anfallenden Modernisierungsmaßnahmen im Wesentlichen unverändert belassen.

Baudaten:

Baujahr Bestand:
1929
Bauweise:
Vollziegelmauerwerk
mit Holzbalkendecken
Baujahr Umbau:
2000
Grundstücksgröße:
395 m^2
Wohnfläche vorher/nachher:
98 m^2/147 m^2
Anzahl Bewohner:
3
Baukosten gesamt:
145.300 Euro
Baukosten je m^2:
1.730 Euro

Fein abgestimmtes Duett

Anbau an ein Wohnhaus in München
Architekt: Christof Wallner, München

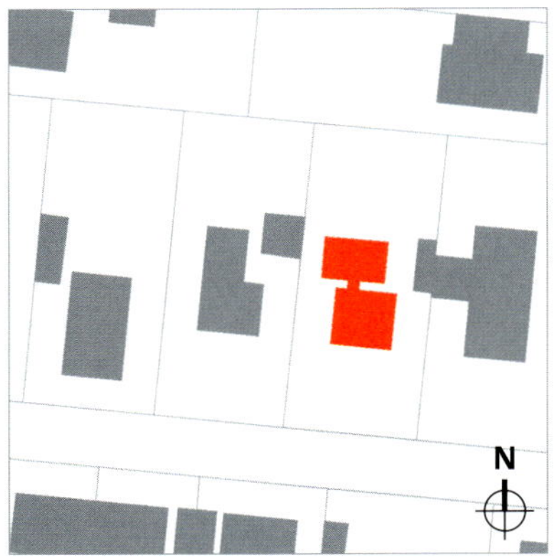

Lageplan

Projektübersicht:

Aufgabe:
Anbau an ein Wohnhaus in München
Bedingungen:
Kleines Haus ohne Erweiterungsmöglichkeit, Altbau blieb bewohnt, kleines Grundstück
Lösung:
Anbau mit Übergang im Obergeschoss, spätere Erweiterungsmöglichkeit
Sonstiges:
Vorfertigung wegen kurzer Bauzeit
Bauweise und Materialien Anbau
Wände:
Wärmegedämmte Holzrahmenbauweise mit Faserzementplatten
Decke:
Brettstapeldecke mit Trockenbau-Untersicht und schallgetrenntem Estrich
Dach:
Brettstapeldecke mit bekiestem Flachdach

Wenn mehrere Generationen miteinander wohnen wollen, müssen damit auch verschiedene Wohnvorstellungen und Raumwünsche miteinander auskommen. Wenn dies unter einem Dach funktionieren soll, ist es oft zu schwierig. Zwei Baukörper bieten da schon mehr Möglichkeiten. Wenn wie in diesem Fall das vorhandene Grundstück nicht gerade üppig bemessen ist und die einzig mögliche Fläche für einen Anbau noch dazu Richtung Norden orientiert ist, lohnt die Einbindung eines guten Architekten, um die beste aller Möglichkeiten zu finden.

In zweiter Reihe ergänzt ein kubischer Baukörper das traufständige kleine Siedlungshaus. Nur ein Brückenkörper überspannt die Kluft zwischen beiden, verbindet Alt und Neu im Dachgeschoss. Die Nordlage wurde durch einen kleinen Trick ausgeglichen. Der neue Anbau wurde gerade so viel aus der Bauflucht des Vorderhauses gerückt, dass sich durch den Vorsprung wie von selbst eine besonnte Terrasse ergibt.

Der Grundriss des Anbaus ist aufs Mindeste reduziert, um die verbleibende Gartenfläche nach wie vor möglichst optimal nutzen zu können. Eine quer liegende, einläufige Treppe teilt das Haus in zwei Zonen auf: zum Eingang hin die dienenden Räume wie Küche, Diele und Toilette, dahinter der Wohnraum. Die komplette Nordseite wurde zum Garten verglast und lässt sich mittels verschieblicher Holzlattenroste optisch so weit schließen, dass neugierigen Nachbarn der Blick verwehrt bleibt. Im Obergeschoss ergeben sich durch die quer liegende Treppe zwei Schlafräume, wobei dem einen noch das gemeinsame Bad angegliedert wurde. Dies bereits im Hinblick darauf, dass über den Flur weitere Räume für die wachsende Familie zur Verfügung stehen werden. Da die Großmutter während der ganzen Bauzeit im Haus wohnen blieb, sollte größtmögliche Vorfertigung zum einen die Bauzeit verkürzen und zum anderen die Eingriffe in den Altbestand minimieren. Die Holzrahmenbauweise ist nach Niedrigenergie-Standard gedämmt und mit großformatigen, blaugrau lasierten Faserzementplatten verkleidet.

Baugeschichtliche Gegenüberstellung zweier Kontrahenten, die sich in der Wahl des Baustoffs für die Fassadenverkleidung angleichen. Die verschiedene Detaillierung der Faserzementplatten datiert ihre Herkunftsepoche.

Blick vom Carport auf den Zugang zum Anbau. Die Kellertreppe verschwindet in der Fuge zwischen den Baukörpern, die nur im Obergeschoss durch einen Steg verbunden sind.

Die Reduktion der Gestaltungsmittel lässt den kleinen Anbau fast wie einen japanischen Schrein anmuten. Die Schiebeläden mit Holzlamellen ermöglichen die variable Abgrenzung zum Garten.

So weit wie möglich wurde der Anbau aus der Flucht des Altbaus verschoben, um wärmendes Südlicht im Wohnraum einzufangen.

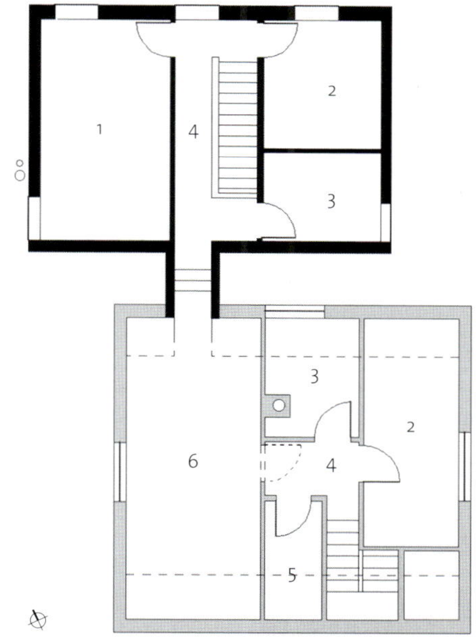

Obergeschoss
M 1:200

1 Eltern
2 Kind
3 Bad
4 Flur
5 Abstellraum
6 Allraum

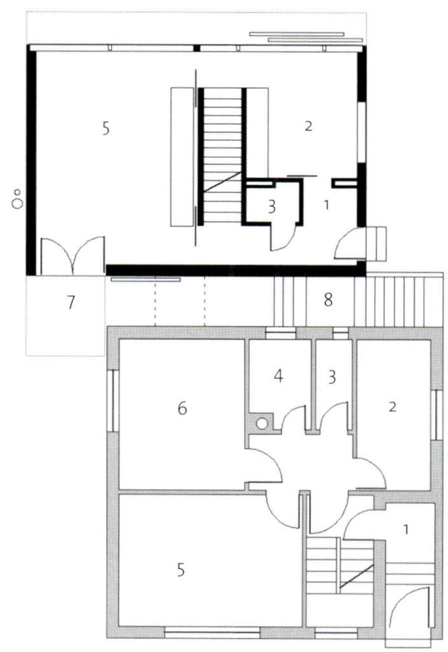

Erdgeschoss
M 1:200

1 Eingang
2 Küche
3 Toilette
4 Bad
5 Wohnen
6 Schlafen
7 Terrasse
8 Kellertreppe

Baudaten:

Baujahr Bestand:
ca. 1930
Bauweise:
Vollziegelmauerwerk mit Holzbalkendecken
Baujahr Umbau:
2000
Grundstücksgröße:
836 m²
Wohnfläche vorher/nachher:
90 m²/174 m²
Anzahl Bewohner:
4
Baukosten gesamt:
136.000 Euro
Baukosten je m²:
1.300 Euro

Ergänzung zum Hofensemble

Anbau an ein Wohnhaus in Rohr an der Raab/Österreich
Architekt: Atelier Erich Prödl, Graz

Lageplan

Projektübersicht:

Aufgabe:
Erweiterung eines Wohnhauses in Rohr an der Raab/Österreich
Bedingungen:
Enger Grundrisszuschnitt, Einbindung in den Bestand
Lösung:
Entkernung des Altbaus, neue Baukörper mit Hofbildung
Sonstiges:
Kompletter Vollwärmeschutz, neue Fenster, Wandflächenheizung
Bauweise und Materialien Anbau
Wände:
Verputztes Mauerwerk mit Korkdämmung
Dächer:
Stahlbetondecken, Flachdach mit Kunststofffolie, Attikas verblecht

Modernisierungen auf dem Lande gelangen selten in die Hand eines anspruchsvollen Architekten. Leider besteht nach wie vor oft das Vorurteil, dass Architekten nur mit hohen Kosten bauen können. Anders jedoch in diesem Fall. Der jungen Familie des Bauherrn mit drei Kindern war das unlängst erworbene Landhaus zu klein geworden. Ein nebenan stehendes Wirtschaftsgebäude diente als Werkstatt. Neben der ohnehin fälligen Renovierung des Hauses stand ein Anbau an, der auch mit der kleinteiligen Bebauung des nahe gelegenen Ortes und dem alten Obstgarten mit Blick auf das Raabtal in Einklang stehen sollte.

Solch gestellte Bauaufgabe so zu lösen, dass ein eng gestecktes, finanzielles Budget nicht gesprengt wird, gelingt meist nur dann, wenn sich Architekt und Bauherr auf einen gemeinsamen Nenner einigen. Dass Bescheidenheit aber nichts mit minderer Qualität zu tun haben muss, konnte der junge Architekt souverän beweisen. Die engen Räume des bestehenden Gebäudes wurden so weit wie notwendig entkernt, um sie der neuen Nutzung entsprechend umzubauen. Die flach gedeckten Gebäudekörper wurden zwischen Werkstatt und Wohngebäude so eingegliedert, dass sich durch Gebäuderücksprünge ein kleiner Hof ergibt, der den Kindern als Spielfläche dient. Der zur Südseite frei stehende Hof bedingt, dass sich an der Nordseite, zur Straße hin, der Anbau über die Hangkante, hinausschiebt und folgerichtig auf schlanken Stützen thront.

Der aufgeständerte Anbau kragt etwas über den Nordhang aus. Rechts im Bild das Nebengebäude. Der Lamellenstore ist geschlossen.

Der im Norden liegende Baukörper mit den geöffneten Lamellen.

Bis auf wenige Öffnungen umgreift der niedrige Anbau das alte Haus. Der Gebäudeeinschnitt weist auf die Lichtachse in der Verlängerung der alten Außenwand hin.

Nachts tauchen die Lampen aus dem Kinderzimmer und der Eingangsüberdachung den Zugang zum Haus in warmes Licht.

Zwischen Haupthaus und Nebengebäude fassen die neuen Baukörperkuben einen windgeschützten Spielhof für die Kinder.

Bis auf einen Glasschlitz, der in einer Einbuchtung versteckt liegt, und ein ausgestülptes Panoramafenster erweisen sich die Nordflächen beinahe geschlossen. Lediglich die Kopfseiten des Gebäuderiegels, in dem sich die Kinderzimmer befinden, wurden großflächig verglast. Ein lang gestrecktes Oberlicht ermöglicht, dass Südlicht in den nördlichen Gebäudeflügel dringen kann. Der schmale Riegel unmittelbar hinter dem Haupthaus beherbergt alle Nebenräume wie Bad, Küche, WC und Windfang mit Hintereingang zum Obstgarten. Da der schmale Anbau ostwärts über das Bestandsgebäude hinauskragt, wird durch einen kleinen Rücksprung, abgewandt von der Eingangsseite, eine geschützte Hofsituation geschaffen. Diese kann als Frühstücksterrasse für die Familie dienen. Die Modernisierung des Gebäudes ist im Inneren kaum mehr abzulesen, da sowohl die Parkettböden als auch die glatten Putzoberflächen sich vom Anbau bis in den Altbau durchziehen. Dass hier der Neubau an den Bestand gefügt wurde, betont ein kaum merklicher Lichtschlitz, der sich vom Haupteingang an der Südseite bis zum Nordausgang in Form von schmalen Lichtbändern nachspüren lässt. Wohltuend bemerkbar macht sich das Fehlen von konventionellen Heizkörpern. Alle Räume werden von Unterputz-Wandheizflächen temperiert.

Die westlich des Altbaus gelegene Terrasse.

Der neue Flur entlang der alten Außenwand lässt keine Rückschlüsse mehr auf die räumliche Enge vor der Modernisierung zu. Wohltuend wirkt das Fehlen von konventionellen Heizkörpern, da in den Putz integrierte Heizspiralen deren Aufgabe übernehmen.

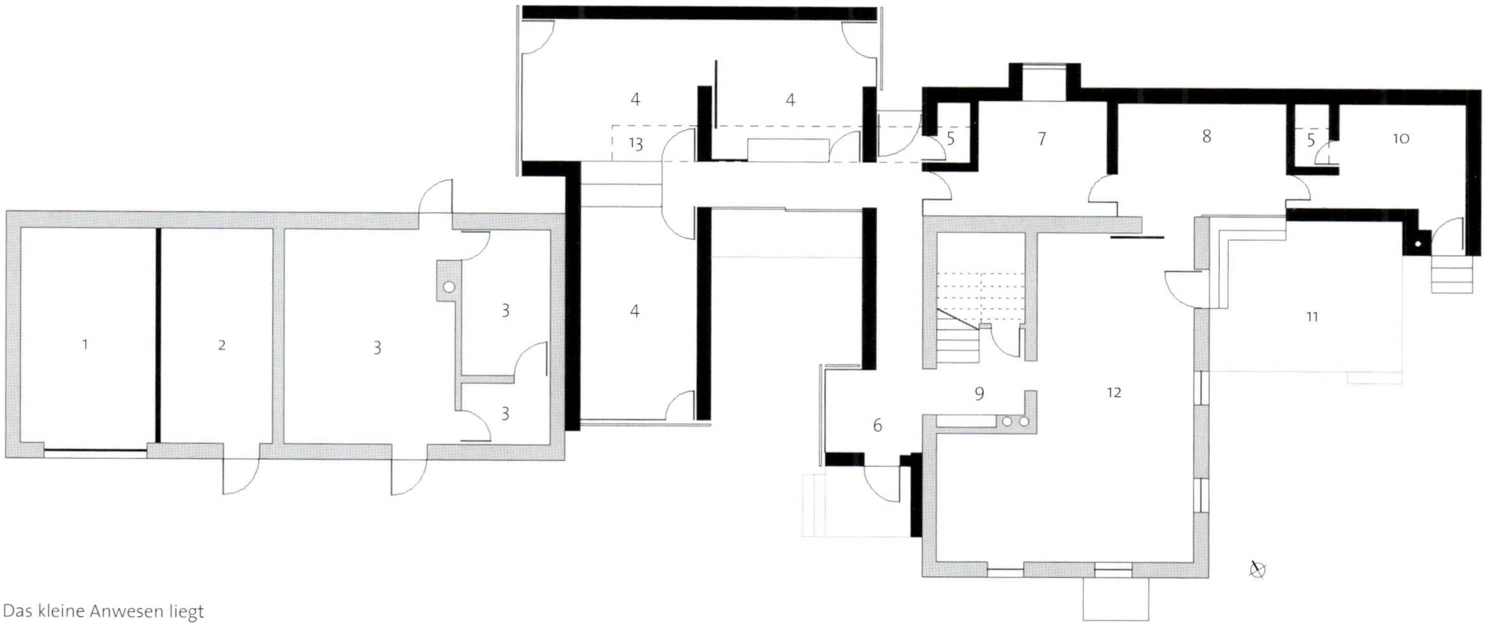

Erdgeschoss
M 1:200

1 Garage
2 Lagerraum
3 Werkstatt
4 Schlafen
5 Toilette
6 Diele
7 Bad
8 Küche
9 Treppenhaus
10 Arbeiten
11 Terrasse
12 Wohnen-/Essen
13 Oberlicht

Das kleine Anwesen liegt inmitten einer von sanften Hügeln geprägten Landschaft.

Baudaten:

Baujahr Bestand:
1926, Windfang ergänzt ca. 1960
Bauweise:
Vollziegelmauerwerk mit Holzbalkendecken
Baujahr Umbau:
1998
Grundstücksgröße:
ca. 3.230 m²
Wohnfläche vorher/nachher:
89 m²/176 m²
Anzahl Bewohner:
5
Baukosten gesamt:
200.000 Euro
Baukosten je m²:
1.130 Euro

Mehrgenerationen-Modell

Umbau eines Bauernhof-Wohnhauses bei Teisendorf
Architekten/Innenarchitekten:
Leitenbacher+Spiegelberger, Chieming

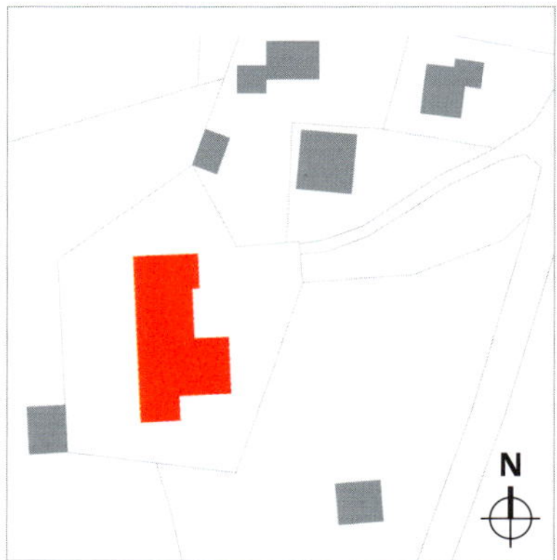

Lageplan

Projektübersicht:

Aufgabe:
Umbau und Erweiterung eines Bauernhof-Wohnhauses bei Teisendorf
Bedingungen:
Kopfbau des Stallgebäudes mit Pultdach, eigenständiges Altenteil
Lösung:
Teilabbruch des Kopfbaus und Aufstockung des Nebengebäudes
Sonstiges:
Niedrig-Energiebauweise; Trennung von Altenteil und neuem Anbau
Bauweise und Materialien Anbau
Wände:
Hohlkörperziegel mit wärmegedämmter und hinterlüfteter Holzverschalung
Dach:
Gedämmtes und hinterlüftetes Steildach mit Ziegeldeckung

„Bauen und Bewahren auf dem Lande“ lautete der Titel einer Broschüre, die vom Deutschen Nationalkomitee für Denkmalschutz unter der Autorenschaft von Dieter Wieland 1978 herausgegeben wurde. Später verdeutlichte der Autor durch deutschlandweit bekannte Ausstellungen wie „Grün kaputt“ oder „Albtraum Auto“, dass durch die blinde Adaption von städtischen Formen ländliche Siedlungen zu gefühllos vereinheitlichten Dependancen der städtischen Agglomerationen verkommen.

Dem, der heute einen beliebigen Ausflug über Land macht, wird deutlich, dass diese Sorge nicht unberechtigt war und gegensteuerndes Planen von Kommunen und Privatbauherren nichts von seiner damaligen Aktualität eingebüsst hat. Die Familie, die diesen Bauernhof in der Nähe des oberbayrischen Chiemsees bewirtschaftet, wandte sich an die jungen Architekten, um den neu erforderlichen Wohnraum für die Hoferben so in das bestehende Gefüge zu integrieren, dass der Altbau nicht angetastet wurde und die gewachsene Hofstelle als bauliche Einheit nicht zerstört würde.

Nach den ersten Überlegungen lag es nahe, den zum Teil als Wohnraum genutzten Kopfbau des langen Stallgebäudes in Teilen abzubrechen und einen neuen Anbau einzugliedern. Die Dachflächen nehmen die Firstrich-

Luftbild der Hofanlage, hinter dem Haupthaus befindet sich der Kopfbau des Stallgebäudes.

Wenn die Schiebeläden geschlossen sind, erinnert die Lärchenschalung an die Oberflächenstruktur alter Scheunen.

tung und die Neigung des Stalldaches auf und bleiben bis auf ein Satteldachoberlicht geschlossen. Dadurch wird der Gesamteindruck des langen Gebäuderiegels noch verstärkt und betont die quer zu ihm liegende Firstrichtung des Haupthauses. Um die untergeordnete Stellung des umgebauten Baukörpers auch visuell zu definieren, wurde der Mauerwerksbau im Gegensatz zum Haupthaus nicht verputzt, sondern mit einer Lärchenschalung verkleidet. Große Schiebeläden mit horizontalen Lärchenlatten lassen das Gebäude in geschlossenen Zustand fast wie eine Scheune erscheinen.

Innen ist das Konzept einfach und schlüssig den geforderten Nutzungen angepasst. Im Erdgeschoss liegen im hinteren Teil Heizung und Waschraum für beide Gebäude, nach Süden orientiert Büro und Hauswirtschaftsraum für die Bäuerin. Ein Treppenhaus aus übereinander liegenden einläufigen Treppen erschließt den Wohntrakt darüber. Überraschend bleibt der vordere Teil mit Wohnraum und Küche bis zum First offen und wird von einer Galerie gekrönt. Den hohen Luftraum durchquert eine Brücke, die zum alkovenartigen Südbalkon führt. Der Reduktion der Details an der Gebäudekontur entspricht einer der Moderne verpflichteten Gestaltung.

Die Firstverglasung belichtet die Schlafgalerie. Vom Bett aus führt ein schmaler Steg quer durch den Wohnraum zum Balkon an der Giebelseite.

Die Küche ist vom Obergeschoss erlebbar: Das offene Raumkonzept dominiert das Wohnen.

Lichtspiel in der Wohnhalle, im Hintergrund die Treppe zur Schlafgalerie.

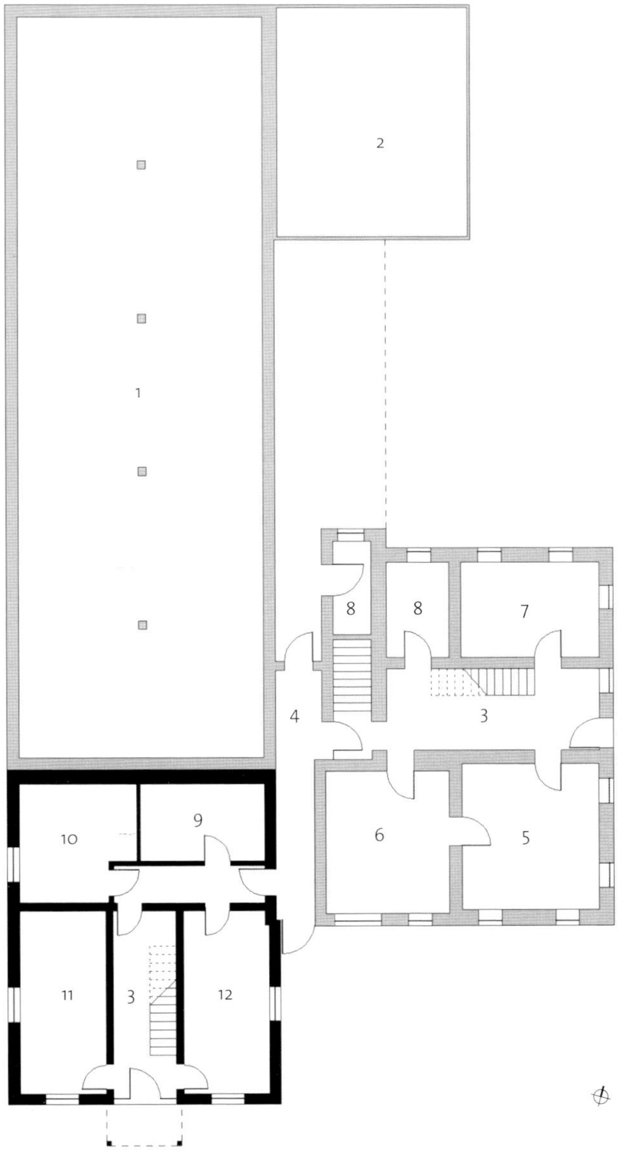

Erdgeschoss
M 1:250

1 Stall
2 Nebengebäude
3 Diele
4 Flur
5 Stube
6 Küche
7 Zimmer
8 Abstellraum
9 Waschraum
10 Heizung
11 Büro
12 Hauswirtschaft

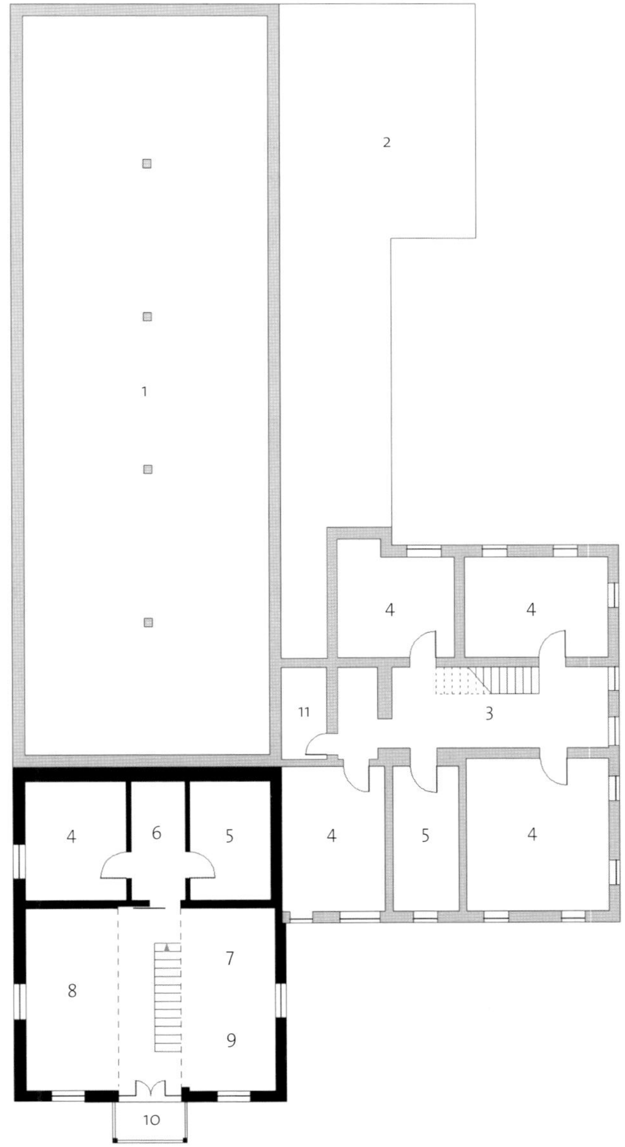

Obergeschoss
M 1:250

1 Stall
2 Vordach
3 Diele
4 Schlafraum
5 Bad
6 Ankleide
7 Küche
8 Wohnen
9 Essen
10 Balkon
11 Abstellraum

Baudaten:

Baujahr Bestand:
etwa 1930
Bauweise:
Mischmauerwerk
Baujahr Umbau:
2001
Grundstücksgröße:
2.900 m^2
Wohnfläche vorher/nachher:
185 m^2/343 m^2
Anzahl Bewohner:
3
Baukosten gesamt:
218.000 Euro
Baukosten je m^2:
1.380 Euro

Ein Haus mit zwei Gesichtern

Umbau eines Wohnhauses in Dortmund

Architekten: Gauselmann+Richter BDA, Dortmund

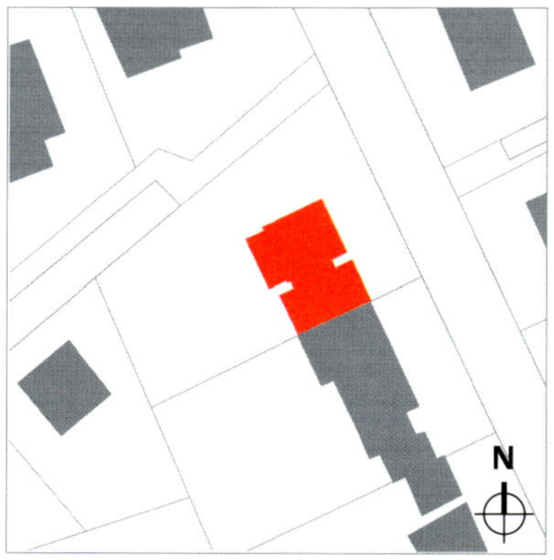

Lageplan

Projektübersicht:

Aufgabe:
Anbau an ein Siedlungshaus in Dortmund

Bedingungen:
Höhenversatz durch Hang, Grenzbebauung, Abschluss des Gartens zur Straße

Lösung:
Dreigeschossiger Anbau mit einer großzügig verglasten Wohnhalle

Sonstiges:
Verbesserung der Wärmedämmung durch neue Holzfenster im Altbau, neue Haustechnik

Bauweise und Materialien Anbau

Wände:
Hohlziegel und Betonpfeiler

Decken:
Stahlbeton, Galerien mit Stahlrahmen

Dach:
Flachdach mit dreilagiger Bitumenabdichtung

Bei diesem Siedlungshaus setzte die vorgefundene Bausubstanz den Wohnideen des Bauherrn bauliche Grenzen, die nur mit einem Anbau zu lösen waren. Bereits den Vorbesitzern des Hauses hatte der Nachbar zugestimmt, dass bis an die Grundstücksgrenze gebaut werden könne. Dem neuen Besitzer und Bauherrn kam dieses Zugeständnis entgegen, da sich die Verhandlungen mit der Baubehörde als unerwartet zäh erwiesen. Das ist oft dann der Fall, wenn sich Architekten mit ihrem Entwurf zur Moderne bekennen. Vor allem, wenn sich der Anbau wie in diesem Fall durch ein Flachdach auszeichnet. Dass diverse Zubauten das Haus aus den 30er-Jahren ohnehin entstellt hatten, wurde dagegen gebilligt, die klare Formensprache des neuen Wohnwürfels hingegen erregte Anstoß. Zu Unrecht, wie sich nach der Fertigstellung zeigt. Die Qualität eines Entwurfs zeigt sich eben nicht darin, ob ein Satteldach richtig ist oder nicht, auch nicht darin, ob ein neuer Anbau verträglich wäre, sondern ob das Bestehende durch die Ergänzung eine verständliche Interpretation der Gesamtgestalt erfährt.

Was so logisch klingt, ist nicht unbedingt einfach umzusetzen. Eine hohe Halle vermag der Kleinteiligkeit des Siedlungshauses im Inneren entgegenzuwirken. Während die zweigeschossige Fassade an der Straße sich an die Maßstäblichkeit des Altbaus anlehnt, wirkt der hohe Innenraum, der sich von der Gartenebene bis zum Dachgeschoss auftut, einer Puppenstuben-Atmosphäre des Siedlungsbaus entgegen.

Im Erdgeschoss und im Dachgeschoss schieben sich aus dem Altbau die Ebenen zungenförmig als Galerien in die Wohnhalle hinein. Zum Garten hin wurde die ehemalige Terrasse mit einem Wintergarten überbaut, sodass eine zusätzliche Pufferzone vor Küche und Essraum nicht nur einen

Der Altbau war vorher ein unprätentiöses Siedlungshaus, wie man es allerorten trifft.

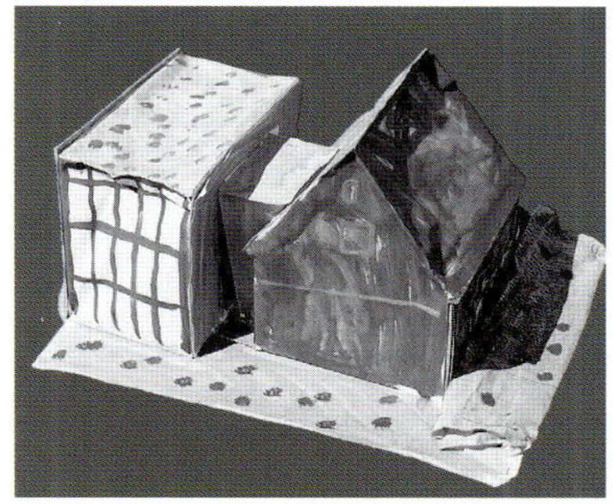

Sogar der kleine Sohn fand das Entwurfskonzept einleuchtend.

Alt und Neu stehen selbstbewusst nebeneinander und bilden doch ein homogenes Ganzes.

Wie ein großzügiges Atelier öffnet sich die Wohnhalle zum Garten hin über drei Geschosse.
Die Erweiterung des Altbaus mit einem Glasanbau dient als Essraum und Frühstücksterrasse.

Aufnahme während der Bauarbeiten.

Die Dielen des Altbaus korrespondieren mit dem Parkett auf den Galerien.

Raumgewinn, sondern auch energetische Vorteile bringen. Neben der kompletten Sanierung der Haustechnik wurden im Altbau auch die alten Kastenfenster gegen Fenster mit Isolierverglasungen ausgetauscht. Die Dielenböden des Altbaus dagegen wurden nur abgeschliffen und neu überarbeitet. Die Wände des Neubaus wurden im Sinne der damals gültigen Wärmeschutzverordnung aus Porenbeton errichtet. Um die Kosten für die riesigen Fensterfassaden zu minimieren, wurde eine Kombination aus tragenden Stahlprofilen mit vorgehängten Holzfenstern gewählt.

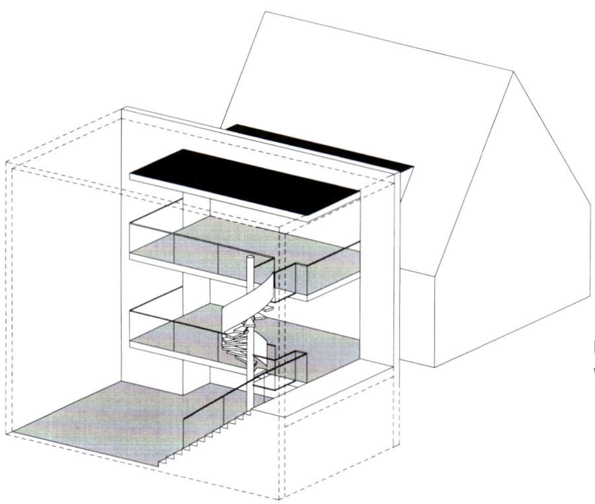

Isometrie der neuen Wohnhalle.

Die aus dem Altbau in die Wohnhalle ragenden Galerie-Ebenen werden mit einer Spindeltreppe verbunden.

Die ehemalige Außenwand wird im Essbereich zur Wohnhalle hin mit großen Öffnungen durchbrochen.

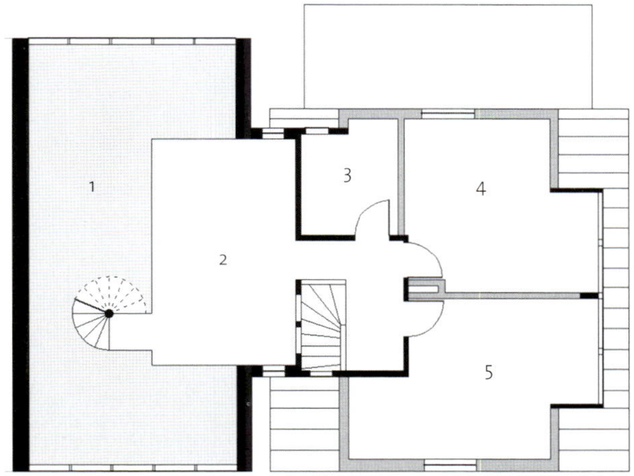

Obergeschoss
M 1:200

1 Luftraum
2 Galerie
3 Bad
4 Kind
5 Eltern

Baudaten:

Baujahr Bestand:
ca. 1935
Bauweise:
Vollziegelmauerwerk mit Holzbalkendecken
Baujahr Umbau:
2001
Grundstücksgröße:
857 m^2
Wohnfläche vorher/nachher:
105 m^2/275 m^2
Anzahl Bewohner:
4
Baukosten gesamt:
ca. 245.000 Euro
Baukosten je m^2:
890 Euro

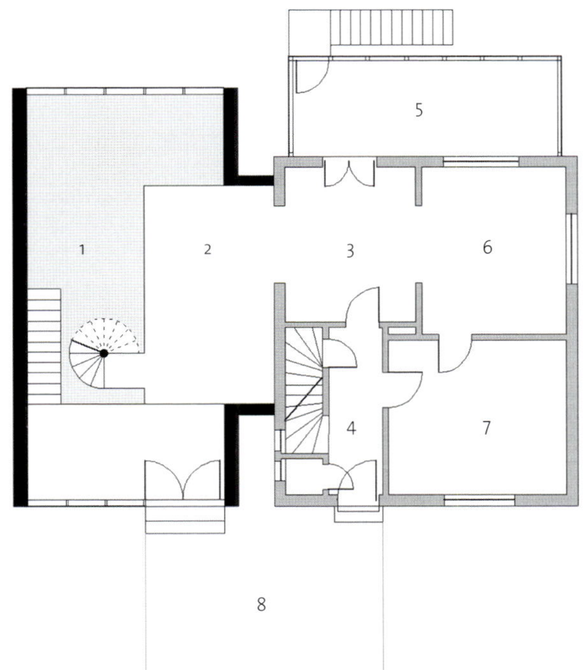

Erdgeschoss
M 1:200

1 Luftraum
2 Galerie/Wohnen
3 Essen
4 Diele
5 Wintergarten
6 Küche
7 Musikzimmer
8 Vorplatz

Zwischenbau als dienende Raumschicht

Anbau an ein Wohnhaus in Buchs/Schweiz
Architekten: Keller+Brander AG, Vaduz/Liechtenstein

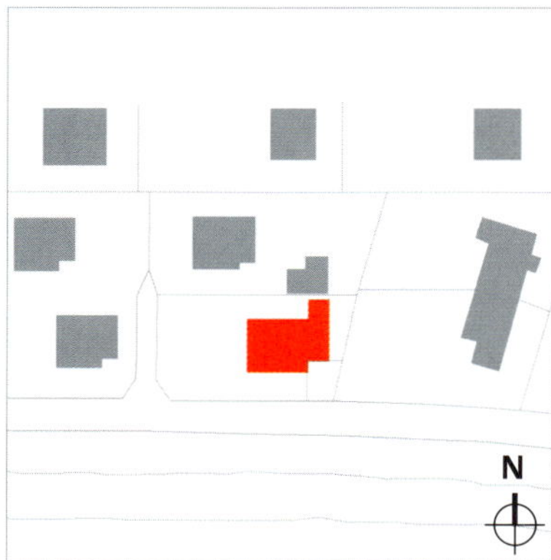

Lageplan

Projektübersicht:

Aufgabe:
An- und Umbau eines Wohnhauses in Buchs/Schweiz
Bedingungen:
Enger Zugang neben Garage, Sanitärinstallationen veraltet
Lösung:
Abriss des Nebengebäudes, Verlängerung des Giebels mit neuem Anbau
Sonstiges:
Neue Bäder und Küche, neue Haustechnik und nach außen öffnende Isolierglasfenster
Bauweise und Materialien Anbau
Wände:
Gedämmtes Holzständerwerk mit farbiger Beplankung
Decken:
Schallentkoppelte Holzkonstruktion
Dach:
Steildach mit fortgeführter Pfannenziegel-Deckung des Bestands

Manchmal wundert man sich, was Bauherren dazu bewegt, Vorbehalte gegenüber durch Architekten verursachte Kosten zu hegen. Planern, die mit der Modernisierung eines kleinen Wohnhauses betraut werden, winken in der Regel keine lukrative Gewinne, sondern zeitaufwändige Detailarbeit, die sich nur unter Idealismus verbuchen lässt. Die Aufgabe, die sich den beiden Architekten hier stellte, war eher bescheiden, doch konnten sie diese mit Bravour lösen.

Weniger ist mehr, scheint das Motto hinter dem Entwurfsansatz zu sein. Das geringe Raumangebot und die unzureichende Sanitärausstattung zwangen zu einer Modernisierung des alpenländisch geprägten Wohnhauses in Buchs. Ein improvisierter eingeschossiger Anbau mit Schleppdach vermochte die Eingangssituation mit der Garage nur unzureichend einzuhausen. Nicht nur aus ästhetischen, sondern auch aus funktionalen Gründen drängte sich eine bauliche Neuordnung förmlich auf. Durch den Abriss des Vorbaus entstand Platz für einen neuen Anbau, dessen Grundgedanke in der simplen Verlängerung des Hauptdaches bestand.

Der Garagenkörper wurde formal auf einen langgestreckten Flachdachkörper, dessen Fassaden mit Lärchenlatten beplankt wurden, reduziert. Die Außenhaut der Garage kragt gerade so weit aus, dass sich ein Vordach ergibt. Darunter liegt beschützt die neue Zugangstür. Die anschließende, eineinhalb Geschosse hohe Diele wird über ein großzügig verglastes Eingangsfenster in helles Licht getaucht. Über wenige Stufen erreicht man die eigentliche Erdgeschossebene. Aber nicht nur die zuvor umständliche Zugangssituation wurde entscheidend verbessert. Der neue Zwischenbau, der sich zwischen Haupthaus und Garage wie selbstverständlich einfügt, enthält sämtliche Nassräume, die wegen ihrer dem Wohnen untergeordneten

Zustand vor dem Umbau mit Garage und eingezwängt wirkendem Vorbau.

Bereinigt von Überflüssigkeiten stellt sich die neue Eingangssituation dar.
Der Giebel wurde verlängert, die Garage erhielt eine Krempe. Der Eingang scheint wie selbstverständlich an der großzügig verglasten Überlappung entstanden.

Vom außen zugänglichen Abstellraum führt ein kleiner Nebeneingang direkt in die Küche, sodass die Einkäufe ohne Umwege dort ankommen, wo sie auch gebraucht werden.

Die Garagenverkleidung aus Lärchenholzlattung wurde über den eigentlichen Baukörper hinaus bis zur Grundstücksgrenze verlängert und überdeckt den hinzugewonnenen Abstellraum.

Die ehemalige Außenwand wurde für die neue Eingangsdiele und die in der Brüstung verborgene Gästetoilette weit aufgebrochen. Dadurch bietet sich im Essraum eine großzügige Offenheit, die die Bauherren vor der Modernisierung vermisst hatten.

Funktion auch als dienende Raumschicht bezeichnet werden können. In der Eingangsdiele liegt die Gästetoilette, halbgeschossig daneben die Küche und im Obergeschoss eine weiteres WC und das Badezimmer.

Um die Bauzeit zu verkürzen, wurde der Anbau als zimmermannsmäßige Holzkonstruktion errichtet. Da das Kernhaus innen ebenfalls modernisiert wurde, verschmilzt der Anbau mit dem Bestand. Nur außen wurde der Kontrast zwischen geputztem Mauerwerk und farbig verschalter, wärmegedämmter Holzkonstruktion belassen.

Das im Obergeschoss bis in die Duschzelle reichende Schlitzfenster bietet während des Duschens einen Blick in den Garten.

Baudaten:

Baujahr Bestand:
etwa 1935
Bauweise:
Ziegelmauern und Holzbalkendecken
Baujahr Umbau:
1998
Grundstücksgröße:
ca. 485 m²
Wohnfläche vorher/nachher:
105 m² /140 m²
Anzahl Bewohner:
4
Baukosten gesamt:
ca. 108.000 Euro
Baukosten je m²:
770 Euro

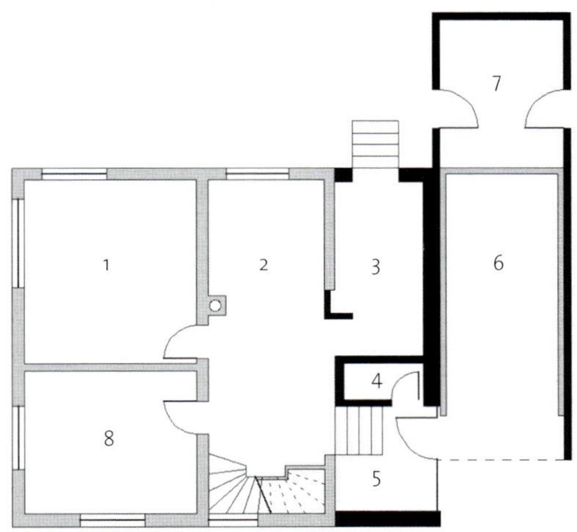

Erdgeschoss
M 1:200

1 Wohnen
2 Essen
3 Küche
4 WC
5 Diele
6 Garage
7 Abstellraum
8 Zimmer

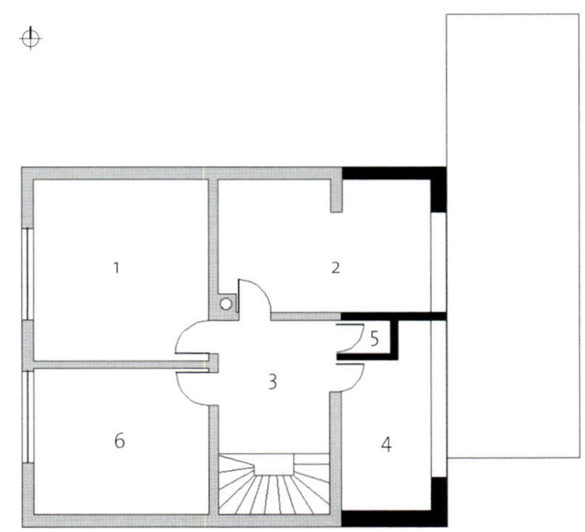

Obergeschoss
M 1:200

1 Schlafen
2 Spielen
3 Diele
4 Bad
5 WC
6 Kind

Behutsamer Eingriff

Umbau eines Wohnhauses in Sursee/Schweiz

Architekten: Zimmermann AG, Aarau/Schweiz

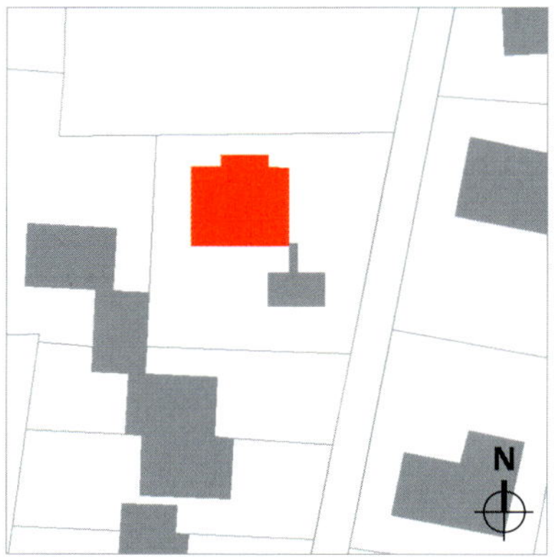

Lageplan

Projektübersicht:

Aufgabe:
Teilsanierung und Änderung der Aufteilung eines Wohnhauses in Sursee/Schweiz
Bedingungen:
Kleinteilige Räume, veraltete Sanitäranlagen, schlecht gedämmte Dachfläche
Lösung:
Umbau des Treppenhauses, Grundrissänderungen, Zusammenlegung zur Maisonette
Sonstiges:
Ergänzung Heizungsanlage, neue Sanitärausstattung, zusätzliche Gaube und Badfenster
Bauweise und Materialien
Wände:
Trockenbau mit Schalldämmung, Trennwände aus Sicherheitsglas
Dach:
Steildach mit neu eingebrachter Mineralwolldämmung

Große Häuser haben oft den Nachteil, dass sie eine wechselvolle Generationenfolge ohne größere Eingriffe in die Bausubstanz kaum auffangen können. Wenn die erwachsenen Kinder ausziehen, stehen Eltern nicht selten vor viel zu großen Grundrissen, die beheizt und gepflegt werden müssen. Offene Grundrisslösungen mit darin integrierten Treppen lassen sich kaum dem geringeren Platzbedarf anpassen, da sich die Raumgrundrisse durch neue Trennwände schwer voneinander entkoppeln lassen.

Flexiblere Möglichkeiten, Wohnraum auch getrennt zu nutzen, bieten abgeschlossene Treppenhäuser. Diesen Vorteil hatte auch das einzeln stehende Wohnhaus im kleinen Ort Sursee am Sempacher See für lange Zeit in seiner wechselvollen Geschichte. Ursprünglich inmitten eines parkartigen Grundstücks gelegen, war die Einheit des Ensembles unter den Erben der ehemaligen Erbauer zerschlagen und aufgeteilt worden. Die neuen Besitzer erkannten den Wert des Hauses und steuerten dem Prozess durch eine Generalmodernisierung der oberen zwei Geschosse entgegen.

Das Erdgeschoss musste bis auf die üblichen Einschränkungen durch den Baubetrieb unbeeinflusst von den Umbaumaßnahmen bleiben. Die Maßnahme bezog sich daher auf das schlecht gedämmte Fachwerk des Obergeschosses und dessen Innenleben sowie auf das Dachgeschoss. Wie bei bürgerlichen Villen jener Bauzeit üblich, waren die Geschosse über ein separates Treppenhaus erreichbar. Um die ungenügende Erschließung besser zu regeln, wurden die beiden Wohnbereiche bereits im Hochparterre, in der Diele des Treppenhauses, entflochten. Dadurch konnten die ehemals getrennten Ebenen des Dach- und Obergeschosses wieder zu einer Einheit als Maisonette zurückgeführt werden. Die Treppe wurde damit in die obere

Modernisierung im „strengen“ Sinn: alle Umbaumaßnahmen beschränken sich auf das Gebäudeinnere.

So weit die alten Bodenbeläge noch intakt waren, wurden die Fehlstellen nach Entfernen der ehemaligen Trennwände ergänzt und überschliffen. So bleibt die alte Struktur des Grundrisses noch spürbar erhalten.

Durchblick von der Küche in den kurzen Zwischenflur mit der Glastrennwand zum Gästebad.

Die offene Küchennische brauchte mehr Platz und wurde in die alte Struktur eingepasst. Die Trennwand zum Bad musste versetzt werden, sodass auch ein neuer Bodenbelag aus Linoleum erforderlich wurde.

Der Treppenvorbereich wurde der neuen Maisonette einverleibt. Die geätzten Milchglasscheiben bringen Licht aus dem Wohnzimmer in den ehemals tristen Raum.

Ein geübtes Auge wird im Bad neben dem Edelstahlwaschbecken, der geätzten Glasabtrennung der Dusche und dem dunklen Linoleumfußboden das Fehlen von Fliesen registrieren: Es ist ein Märchen, dass Bäder nicht ohne diese auskommen können.

Wohnung integriert. Die Zäsuren und Maßnahmen im Obergeschoss vermitteln jene präzisen Eingriffe, wie sie einen erfahrenen Planer auszeichnen. Das neue Gästebad im Obergeschoss und eine neue Küche werden durch Abbruch und Versatz der Trennwand neu definiert. Durch Entfernen der Trennwand im Wohnzimmer ergibt sich ein einem Loft ähnelnder Großraum. Eine Milchglaswand zum Treppenhaus wirkt wie ein Lichtschirm. Die Schlafräume unter dem Dach erforderten zudem eine Anpassung an die neuen Komfortstandards. Die kompletten Dachuntersichten wurden nach heutigen Anforderungen gedämmt und verkleidet. Kleine Änderungen ergaben sich ausschließlich für den Arbeitsraum des Bauherrn.

Auch im Bad des Dachgeschosses fehlen die Fliesen. Den Spritzschutz für die Badewanne bildet eine aufgeklebte Glasscheibe.

Baudaten:

Baujahr Bestand:
1929
Bauweise:
Ziegelmauern, im Obergeschoss Fachwerkwände und Holzbalkendecken
Baujahr Umbau:
2000
Grundstücksgröße:
616 m²
Wohnfläche vorher/nachher:
138 m²/150 m²
Anzahl Bewohner:
4
Baukosten gesamt:
ca. 196.000 Euro
Baukosten je m²:
1.305 Euro

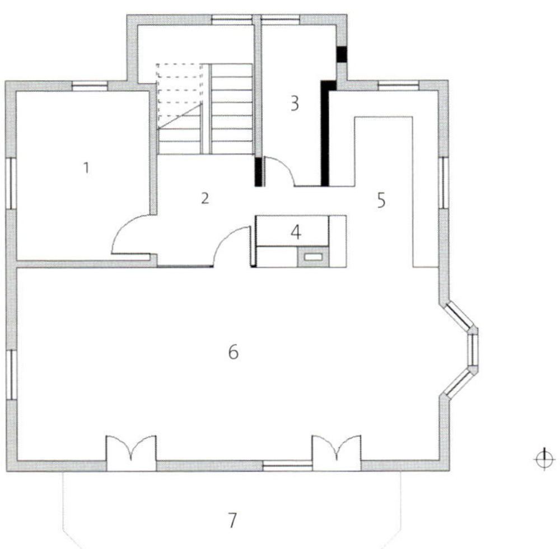

Erdgeschoss
M 1:200

1 Gast
2 Diele
3 Bad
4 Garderobe
5 Küche
6 Essen/Wohnen
7 Balkon

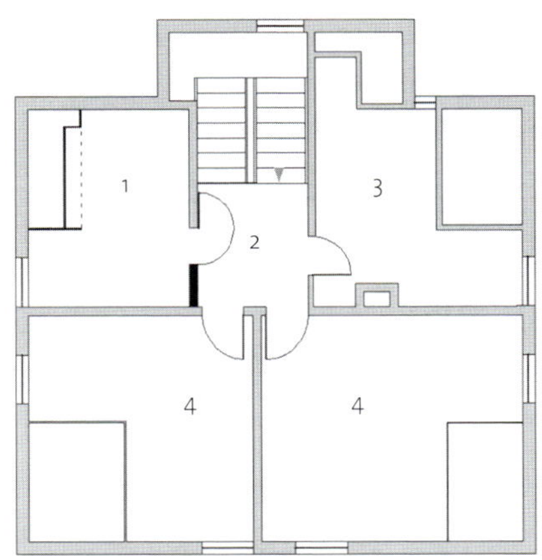

Obergeschoss
M 1:200

1 Arbeiten
2 Diele
3 Bad
4 Schlafen

Ein Haus wie ein Fels

Umbau eines Wohnhauses in Augsburg
Architekt: Andy Brauneis, Augsburg

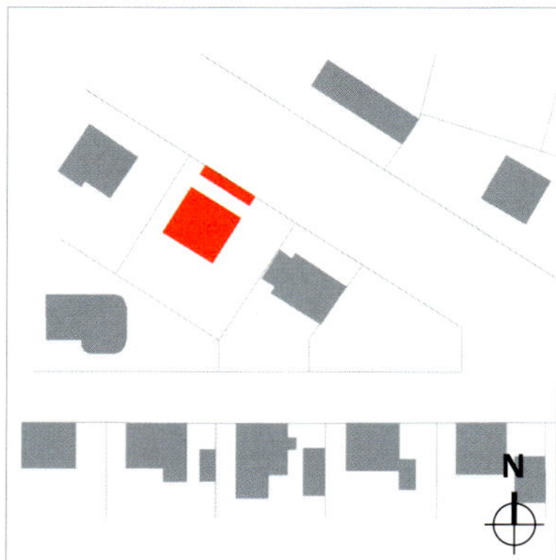

Lageplan

Projektübersicht:

Aufgabe:
Sanierung eines Wohnhauses in Augsburg
Bedingungen:
Veraltete Haustechnik, undichte Fenster, schlecht gedämmtes Dach, undichter Keller
Lösung:
Komplette Modernisierung, Ausbau des Dachgeschosses zur Praxis
Sonstiges:
Außendämmung und putzbündige Fenster mit Stufenglas
Bauweise und Materialien Umbau
Wände:
Äußere Holzfaserdämmung mit mineralischem Farbputz
Decken:
Abgehängte Deckenspiegel wegen Leitungsführung
Dach:
Steildach mit Betonbiber-Deckung; Zellulosedämmung

Die Häuser der Gartenvorstadt Spickel bieten wie viele andere zeitgleich in den 30er Jahren des letzten Jahrhunderts entstandene Siedlungen positive Aspekte wie bereits vorhandene Eingrünung, eine funktionierende Versorgung durch Läden und Kleingewerbe und eine kindgerechte Mischung von engen Fahrstraßen mit fußläufigen Wegen, die junge Familien in den heute neu ausgewiesenen Baugebieten schmerzlich vermissen. Diese Standortvorteile wussten der Architekt und Bauherr zu schätzen.

Da ursprünglich als Zweifamilienhaus geplant, konnte das Gebäude auch ohne Anbau heutigen Raumbedürfnissen genügen. Die getrennten Wohnungen im Erd- und Obergeschoss wurden zu einem Wohnbereich zusammengeführt, das Dachgeschoss dient der Bauherrin als Therapieraum. Eine separate Treppenführung konnte deshalb optimal zur Funktionstrennung herangezogen werden.

Da außer dem Wiederaufbau nach dem Krieg nur notdürftige Reparaturen getätigt wurden, stand eine Komplettmodernisierung an. Üblicherweise endet ein solcher Wunsch in einem Parcours durch die Regale der Baumärkte, die sich im näheren Umkreis der Baustelle befinden. Dem Architekten war die Verlockung, für jedes Problem eine bauphysikalisch eigenständige Lösung zu finden, bewusst und er versuchte deshalb die Problempunkte zu kategorisieren. In einem Gesamtkonzept suchte er Anschluss an die ursprüngliche Einfachheit und unaufdringliche Sprache des Wohnungsbaus der 20er- und 30er Jahre des vorigen Jahrhunderts.

Das Vorhaben gelang. Das Haus ist ein monolithischer Block mit knappen, sauber geplanten Details geworden, zudem wurden die bauphysikalischen Probleme gelöst. Grau eingefärbte Beton-Biberschwänze als Dachziegel gehen fast ansatzlos, wenn man die Zinkdachrinne an der Traufe einmal

Das einzig neue Bauwerk ist der auffällig „unauffällige“ Fahrradschuppen.

An Stelle eines Zauns wirkt ein niedriger, mit Holzlatten verkleidetes Nebengebäude als Pufferzone. Gleichzeitig markiert es die Schwelle zwischen privatem und öffentlichem Bereich.

Renovierungsbedürftig präsentierte sich das Haus vor dem Umbau.

unberücksichtigt lässt, in einen grau eingefärbten, feinstkörnigen Kalkzementputz über. Bei Regen färben sich beide durch das aufgesaugte Wasser etwas dunkler. Dass auch die Fenster mit aufgeklebten Stufenglasscheiben bündig mit der nachträglich außen gedämmten Putzfassade sitzen, unterstützt die positive Wirkung. Bis auf wenige abgebrochene Wände im Erdgeschoss blieben die Grundrisse im Wesentlichen unverändert. Auch hier herrscht ein klares Konzept. Große Fensteröffnungen sitzen in tiefen Laibungen verputzter Wände. Heiz- und Wasserleitungen sind unter abgehängten Deckenkonstruktionen verlegt. Damit die räumliche Großzügigkeit der geölten Eichenparkettflächen und Lärchenholzdielen nicht beeinträchtigt wird, laufen diese auch in den Bädern durch. Schränke verschwinden in Raumnischen und die Details der Zargen- und Schiebetüren wurden stark reduziert. Nichts ist zufällig, nichts stört die strenge Linienführung.

Vor der Sanierung:
Der Wintergarten an der Südseite war undicht und verschmutzt.

Eine abgetreppte Lärchenholzterrasse vermittelt zwischen dem weichen Gras des Gartens und den harten Konturen des knapp gehaltenen Baukörpers.

Baudaten:

Baujahr Bestand:
1936, teilweiser Wiederaufbau 1945
Bauweise:
Ziegelmauern und Holzbalkendecken
Baujahr Umbau:
2001
Grundstücksgröße:
ca. 550 m²
Wohnfläche vorher/nachher:
140 m2/186 m²
Anzahl Bewohner:
6
Baukosten gesamt:
ca. 125.000 Euro
Baukosten je m²:
672 Euro

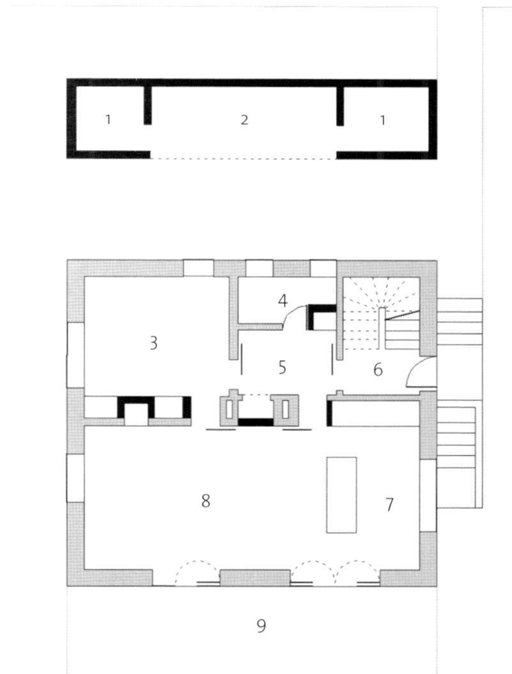

Erdgeschoss
M 1:200

1 Abstellraum
2 Fahrräder
3 Arbeiten
4 WC
5 Flur
6 Diele
7 Küche
8 Essen/Wohnen
9 Terrasse

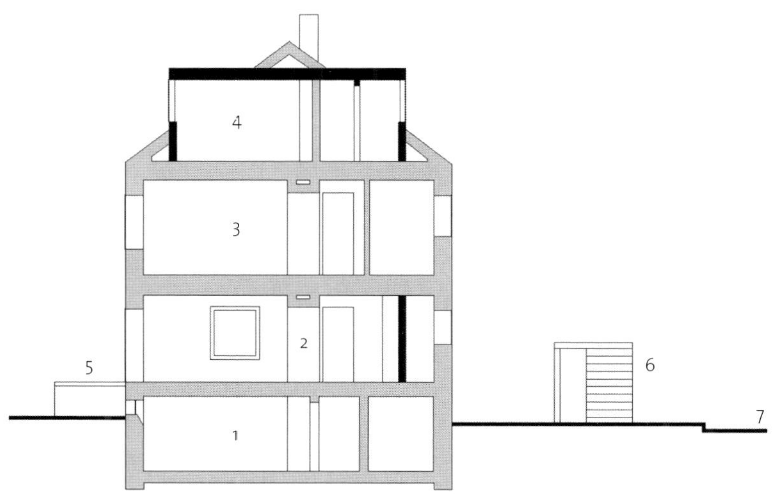

Schnitt
M 1:200

1 Keller
2 Wohnen
3 Schlafen
4 Praxisräume
5 Terrasse
6 Fahrräder
7 Straße

Dachaufsatz mit Laterne

Umbau eines Wohnhauses in Oberhausen

Architekten: Scheufler + Weissenberger, Essen-Kettwig

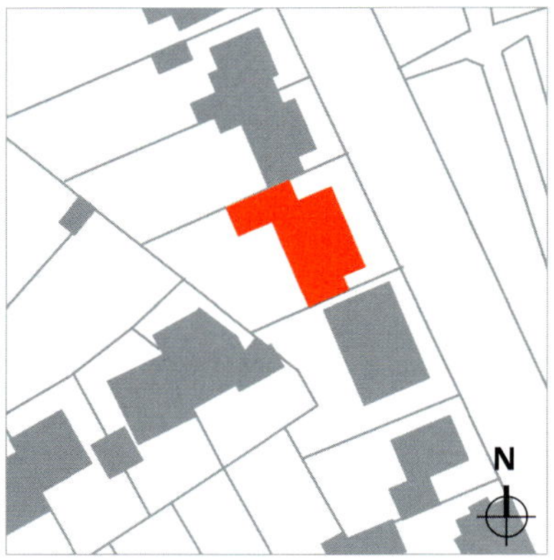

Lageplan

Projektübersicht:

Aufgabe:
Umbau eines Wohnhauses in Oberhausen
Bedingungen:
Einbeziehung eines früheren Anbaus
Lösung:
Pavillonartige Flachdachaufstockung mit Oberlichtlaterne
Sonstiges:
Einbau einer Sauna, Überarbeitung des Treppenhauses, Einbau einer Dachgaube
Bauweise und Materialien Anbau
Wände:
Mischkonstruktion aus Stahlstützen und Holzständerwerk
Dach:
Holzkonstruktion mit Bitumen-Schindeldeckung

Aufnahme kurz vor Umbaubeginn.

Ursprünglich war das einzelnstehende Siedlungshaus für eine Familie geplant. Unter einem steilen Walmdach standen auf zwei Ebenen knappen 110 Quadratmeter zur Verfügung. Später baute die damals junge Generation das Dach aus und stellte einen flachen Anbau neben das Gebäude. Wie es die Erbfolge oft bedingt, wurde das Haus in drei separate Wohnungen aufgeteilt und teilweise untervermietet. Die jetzigen Besitzer wollten das Haus grundlegend renovieren, die vermietete Wohnung im Erdgeschoss jedoch unangetastet lassen, sodass sich die Umplanung und Sanierung auf die interne Verbindung des Obergeschosses mit dem Dachgeschoss zu einer Wohnung konzentrierte.

Hier wünschten die Bauherren eine Erweiterung der Wohnfläche, die sich zur Hälfte schon aus der Überbauung des erdgeschossigen Flachdachanbaus ergab. Dabei sollte aber nur ein Teil der Betondecke von einem Wintergarten eingenommen werden. Das restliche Flachdach wurde abgerissen und komplett saniert. Aus statischen Gründen kam für die Aufstockung nur eine leichte Holzkonstruktion in Frage, deren Gewicht sich auf der Außenwand mit filigranen Stahlrohrstützen ablastet. Um den Einblick aus den Nachbargebäuden zu verhindern, wurde der pavillonartige Aufbau zur Grundstücksgrenze mit Eternitpaneelen geschlossen, zur Straße und zum Garten hin großzügig verglast.

Eine Schicht aus verschieblichen Jalousien vor den Glasfenstern erlaubt die halb transparente Schließung der Straßenfassade, während die Gartenfassade durch ein überbreites Faltfenster zur angrenzenden Terrasse komplett geöffnet werden kann. Zusätzliches Licht kann über einen schmalen Dachaufsatz mit Oberlichtverglasung in den neu gewonnenen Raum gelangen. Die Zimmer im Obergeschoss wurden weit gehend entkernt und mit neuer Heizung und neuen Fenstern versehen. Gartenseitig ist im Dachgeschoss eine neue Gaube eingebaut worden, die in einer späteren Bauphase einen zusätzlichen Zugang auf eine weitere Dachterrasse ermöglichen soll. Aus Kostengründen wurde bisher darauf verzichtet. Den Höhepunkt bildet der Einbau der Sauna im Spitzboden, die über eine interne Spindeltreppe vom darunter liegenden Bad erreicht wird.

Zum Nachbargebäude hin wurde der Anbau als fast komplett geschlossene Fassade mit Stahlblechpaneelen ausgebildet. Der umlaufend mit Schlitzfenstern bestückte Dachaufsatz dient der zusätzlichen Belichtung und wirksamen Entlüftung.

Um abends ungestörte Privatheit im verglasten Pavillon sichern zu können, lassen sich die Holz-Jalousien verschieben. Die Umbaumaßnahmen blieben vorerst auf das Obergeschoss und den Spitzboden beschränkt.

Eine Pergola in Fortsetzung des Anbaus überdeckt die Gartenterrasse.

Die Faltelemente der Glasfassade lassen sich über die ganze Breite zur Gartenterrasse öffnen. Sommers wird dadurch die Grenze zwischen Außen und Innen fließend.

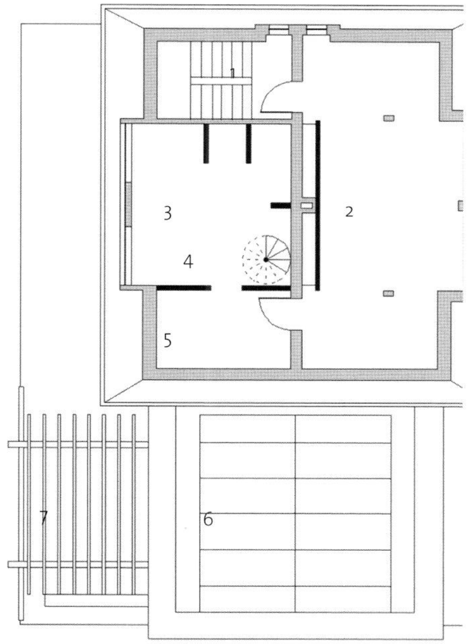

Obergeschoss
M 1:200

1 Treppenhaus
2 Schlafen
3 Bad/WC
4 Treppe zur Sauna
5 Ankleiden
6 Oberlicht
7 Pergola

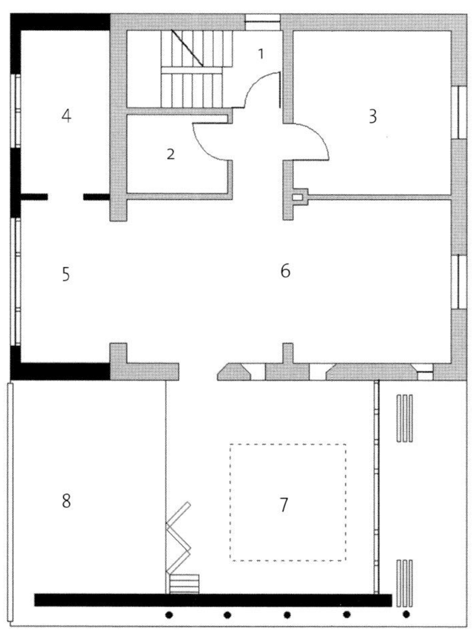

Erdgeschoss
M 1:200

1 Treppenhaus
2 Dusche
3 Gast
4 Küche
5 Essen
6 Wohnen
7 Wintergarten
8 Terrasse

Baudaten:

Baujahr Bestand:
1938
Bauweise:
Vollziegelmauerwerk mit Holzbalkendecken
Baujahr Umbau:
2001
Grundstücksgröße:
ca. 700 m^2
Wohnfläche vorher/nachher:
135 m^2/170 m^2
Anzahl Bewohner:
3
Baukosten gesamt:
ca. 200.000 Euro
Baukosten je m^2:
1.170 Euro

Übungsstück in harmonischer Teilung

Anbau an ein Wohnhaus in Rüti/Schweiz
Architekten: Hemmi+Fayet ETH, Zürich/Schweiz

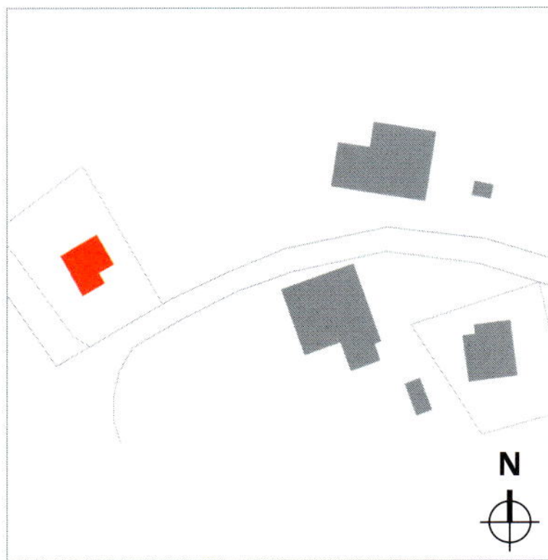

Lageplan

Projektübersicht:

Aufgabe:
Teilweise Erweiterung eines Wohnhauses in Rüti/Schweiz
Bedingungen:
Sanierungsbedürftige Terrasse
Lösung:
Terrassenüberbauung mit wärmegedämmtem Glasanbau
Sonstiges:
Weit gehende Vorfertigung aller Bauteile
Bauweise und Materialien Anbau
Wände:
Holz-Glas-Fassade
Dach:
Wärmegedämmte Holzbalkenkonstruktion mit Metalldach

Wenn man den Ausführungen von Paul von Naredi-Rainer in dessen Publikation „Architektur und Harmonie" gewissenhaft folgt, umschreibt er den aus dem Griechischen kommenden Begriff „harmonia" mit „Anpassung, Verbindung, Verknüpfung, Vereinigung von verschiedenartigen oder entgegengesetzten Dingen zu einer geordneten Ganzheit." Ob man sich nun seinen weiteren Ausführungen über Zahlen, Maße und Proportionen als für das heutige Bauen anschließen mag oder nicht, sicher ist: Gute Gestalt zeichnet sich durch ein schlüssiges Gesamtkonzept aus.

Die Ordnung der Baustoffe, deren stoffliche Überarbeitung und Einbindung in eine übergeordnete Logik sind ebenso wichtig wie alle technischen Prinzipien und deren fachlich richtige Anwendung. Gute Architekten legen deshalb immer großen Wert auf die nur einem Entwurfsprinzip gehorchende Gesamtgestalt. Um dies Prinzip zu verdeutlichen, soll dieses Beispiel angeführt werden, das aufzeigen kann, wie selbst ein minimaler Eingriff in die Kubatur ein Haus nicht nur verändert, sondern sogar aufwertet. Von Baumärkten oder Systemanbietern propagierte Modernisierungs-Bausteine wie Balkone, Fenster oder Wintergärten tragen – weil oft unreflektiert angewandt – zur Verunstaltung und damit zu einem finanziellen Wertverlust bei. Was Bauträger für größere Bauvorhaben in Serie einsetzen, wirkt bei Einfamilienhäusern oft deplatziert.

Ein Prinzip aus der Gestaltungslehre besagt: Je kleiner ein Gebäude ist, desto aufdringlicher fallen alle unproportionalen Anbauten auf, und seien diese noch so gering. Dem Bauherrn, einem forschenden Biologen, wurde das kleine Haus, obwohl es in den 50er-Jahren durch einen Anbau im Erdgeschoss bereits ergänzt worden war, zu klein. Die auf dem Vorbau

Die Fensterprofile des Anbaus nehmen die bestehende Sturz- und Brüstunghöhe der alten Fenster auf.

Der neue Glasvorbau wertet das Haus nicht nur im Innenbereich auf. Besonderes Augenmerk legten die Architekten auf die proportionale Fensterteilung der Fassaden.

Die Seitenflächen bestehen aus satiniertem Glas, um wenig Einblicke zu bieten, aber dennoch die Lichtausbeute nicht unnötig einzuschränken.

Baudaten:

Baujahr Bestand:
1939, Anbau im EG 1952
Bauweise:
Vollziegelmauerwerk mit Holzbalkendecke
Baujahr Umbau:
1998
Grundstücksgröße:
650 m²
Wohnfläche vorher/nachher:
99 m²/109 m²
Anzahl Bewohner:
2
Baukosten gesamt:
53.700 Euro
Baukosten je m²:
keine Angabe

befindliche Terrasse entsprach nicht mehr heutigen Standards und drohte baufällig zu werden. Deshalb wurde im Obergeschoss die Wand durchbrochen und die Terrasse mit einem filigranen Glasvorbau, der heutigen Energiestandards genügt, überbaut. Wie von einer kleinen Beobachtungskanzel lässt sich dort das baumbestandene Grundstück überblicken. Im Zuge dessen wurden auch einige Verbesserungen an dem bestehenden Gebäude durch zusätzliche Dämmung und neue Heizkörper notwendig. In seiner zurückhaltenden Größe blieb der Zubau marginal, bedeutend dagegen in seinem Gewinn für das Gesicht des Hauses.

Nachts wirkt der kleine Anbau wie eine Laterne.

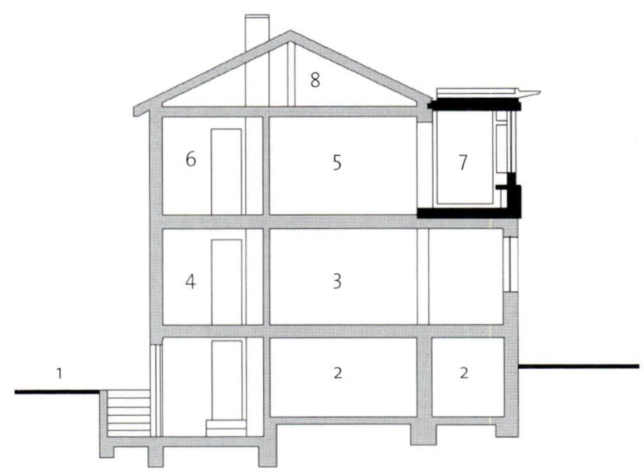

Schnitt
M 1:200

1 Garten
2 Keller
3 Wohnen
4 Küche
5 Schlafen
6 Bad
7 Vorbau
8 Dachboden

Skandinavische Etüde

Sanierung eines denkmalgeschützten Wohnhauses in Münster
Architekt: Reinhard Martin, Münster

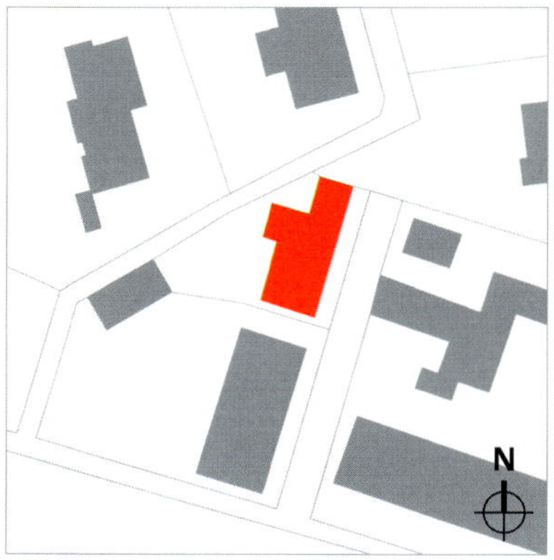

Lageplan

Projektübersicht:

Aufgabe:
Umbau eines Wohnhauses in Münster
Bedingungen:
Denkmalschutz aufgrund Systembauweise aus Blockbohlen
Lösung:
Behutsame Renovierung der Fassaden, geringe Grundrissänderungen
Sonstiges:
Zusätzliche Schiebefenster innen als Kastenfenster, neue Haustechnik

Dem schlichten, rot gestrichenen Gebäude inmitten eines sehr heterogen bebauten Mischgebietes sieht man seine ungewöhnliche Enstehungsgeschichte nicht an. Es gehört zu den wenigen noch nicht zerstörten System-Holzhäusern, die die Skandinavier nach dem Kriege in Deutschland errichtet haben. Das Gebäude wurde in Norwegen vorgefertigt und von der Evangelischen Kirche dem Leiter der Inneren Mission als Wohnhaus in Münster geschenkt. Mit annähernd 200 Quadratmetern Wohnfläche wurde das Haus in Relation zu den damals üblichen Wohnbedürfnissen sehr großzügig dimensioniert.

Die Bauweise der übereinander geschichteten Blockbohlen, die zum Teil aus anderen Bauwerken oder Schiffen wiederverwendet wurden, ist typisch für die von Waldreichtum geprägte skandinavische Bauwirtschaft. Da fast alle Bauteile wie Fenster, Eingangstür, Dachdeckung und äußere Bretterschalung im Originalzustand vorgefunden wurden, konnte das Gebäude wegen seiner baugeschichtlichen Bedeutung vorläufig unter Denkmalschutz gestellt werden. Dies verlangte vom beauftragten Architekten notwendiges Fingerspitzengefühl bei der Planung und Ausführung. Da die Grundrisse den damaligen Familiengrößen angepasst waren, wurden Grundrissänderungen insbesondere bei den Bädern und Toiletten unumgänglich.

Die Raumgliederung war zum Teil durch die Vorbesitzer schon leicht verändert worden. Einige dezidiert ausgewählte Teile von Wandflächen wurden roh belassen, um frühere Nutzungsspuren als Schiffhölzer oder Spundwände zu zeigen. Oder wie der Architekt es formuliert: „Das Denkmal im Denkmal" zu zeigen. Das Gebäude genügte natürlich den aktuellen Forderungen des Wärmeschutzes nicht mehr. Somit waren vor allem Veränderungen an

Die Gartenterrasse nach der Renovierung lässt die grundlegende Modernisierung des Gebäudes kaum mehr erahnen.

Die größenmäßig angepassten Dachflächenfenster stellen unverzichtbare Ergänzungen dar, die den heutigen Wohnbedürfnissen im ausgebauten Dachgeschoss Rechnung tragen.

Äußerlich hatte nur der erdrote Anstrich der Holzverschalung unter der mangelnden Pflege gelitten. Insgesamt stand eine Komplettsanierung und zusätzliche Wärmedämmung der Wände an.

Im Wohnraum wurde eine Bohlenwand freigelegt und zeigt als Augenmerk auf die einmalige Konstruktionsweise hin.

Deutlich sichtbare Spuren weisen auf anderweitige Nutzungen als Schiffsholz oder als Spundbohlen hin.

der Heizung, der Wärmedämmung der Außenwände und an den einfach verglasten Fenstern unumgänglich. Wegen der Restriktionen des Denkmalschutzes waren diese Eingriffe aber auch besonders riskant. Um die alten Fensterflügel zu erhalten, wurden deshalb zusätzliche, innen liegende Schiebefenster angeordnet, die die gesamte Konstruktion zu einem wärmesparenden Kastenfenster ergänzten. Andere Bauteile wie zum Beispiel die Hauseingangstür oder die Innentreppe wurden im Wesentlichen belassen und nur vom Maler überarbeitet. An der Modernisierung lässt sich auch beispielhaft ablesen, wie gering, aber doch gezielt einige wenige Eingriffe sein können, die den Charakter eines Wohnhauses im Wesentlichen nicht ver ändern. Die Rettung des seltenen Denkmals aus der unmittelbaren Nachkriegszeit kam nicht nur den Bauherrn sondern auch der baugeschichtlichen Forschung zu Gute.

Obergeschoss
M 1:200

1 Diele
2 Toilette
3 Dusche
4 Schlafen
5 Gast
6 Lichtschacht

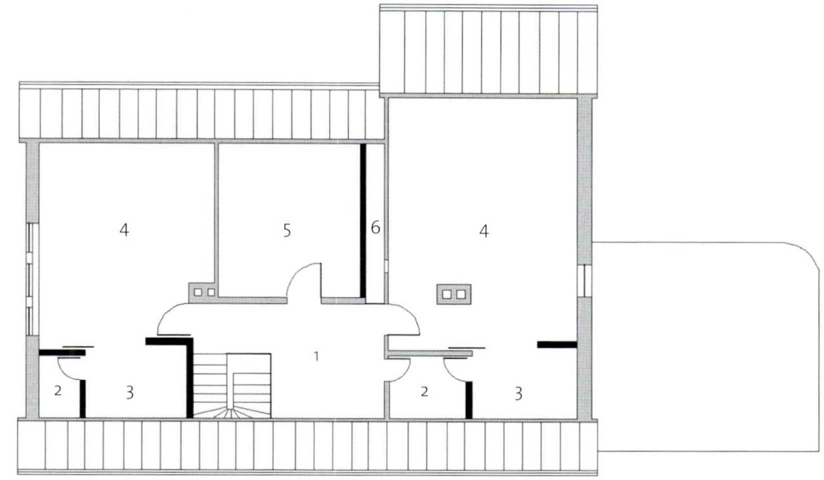

Baudaten:

Baujahr Bestand:
1949
Bauweise:
Skandinavische Blockbohlenbauweise mit Holzbalkendecken
Baujahr Umbau:
2000
Grundstücksgröße:
ca. 440 m^2
Wohnfläche vorher/nachher:
ca. 200 m^2/225 m^2
Anzahl Bewohner:
2
Baukosten gesamt:
ca. 210.000 Euro
Baukosten je m^2:
993 Euro

Die Decke öffnet sich in einem schmalen Spalt zu einem Oberlicht, das bis in die Dachschräge reicht.

Erdgeschoss
M 1:200

1 Eingang
2 Diele
3 Zimmer
4 Wohnen
5 Terrasse
6 Essen
7 Toilette
8 Küche
9 Garage
10 Garderobe
11 Abstellraum

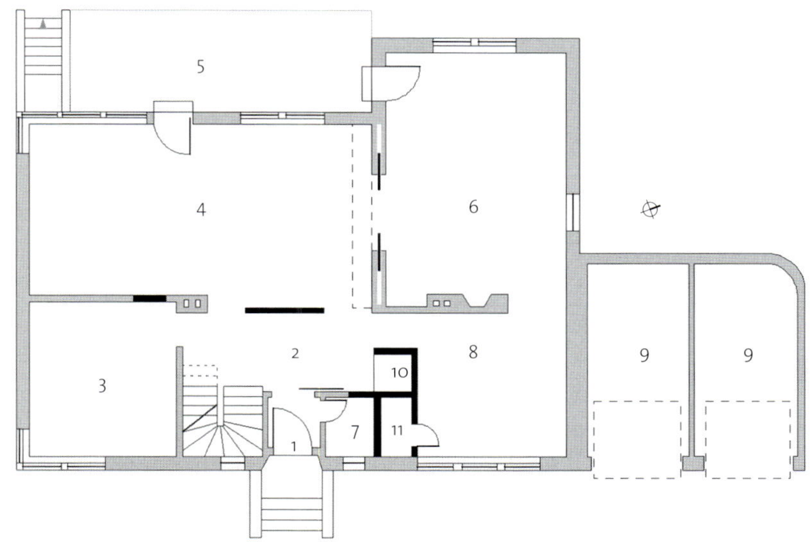

Rhombus auf Stelzen

Erweiterung eines Wohnhauses in Lübars bei Berlin
Architekten: Grollmitz+Zappe, Berlin

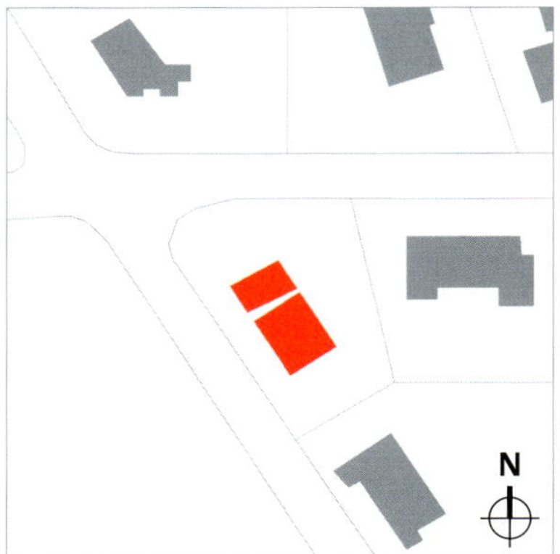

Lageplan

Projektübersicht:

Aufgabe:
Sanierung und Erweiterung eines Wohnhauses in Lübars bei Berlin
Bedingungen:
Erdgeschossnutzung als Apotheke, Erhalt der Gartenfläche
Lösung:
Anbau auf Stelzen im Obergeschoss
Sonstiges:
Erdgeschoss fast unangetastet, Altbau neue Fenster, große Dachterrasse
Bauweise und Materialien Anbau
Wände:
Stahlbeton mit Vollwärmeschutz-Fassade
Dächer:
Stahlbeton, Flachdach mit Terrassenbelag

Als die Berliner Mauer fiel, war es vorbei mit der ländlichen Idylle des beschaulichen Dörfchens Lübars am Stadtrand des ehemaligen West-Berlin. Das an einer Kreuzung stehende Gebäude, in dem sich im Erdgeschoss die Apotheke der Bauherrin befindet, wird vom lebhaften Durchgangsverkehr umflossen. Nachdem die erwachsenen Kinder der Bauherren ausgezogen waren und dieser in Ruhestand getreten war, sollte die Apotheke der Ehefrau weiterhin im Erdgeschoss verbleiben. Die darüber liegende Wohnung und der erdgeschossige Zugang zur Wohnung waren zu modernisieren und zu vergrößern. Der Angewohnheit des Ehepaars, im Sommer den abendlichen Sonnenuntergang zu genießen, sollte mit einer neuen Terrasse entsprochen werden.

Die beiden jungen Architekten, die damals noch unter dem Büronamen „metropolis“ firmierten, bekamen die Chance, die Wünsche des Ehepaars umzusetzen. Es gelang ihnen, sie mit einer geschickten Erweiterung nicht nur zu überzeugen, sondern auch noch weit reichende Anerkennung durch den Berliner Bauherrenpreis 1998 zu finden. Die Lösung ist denkbar einfach und deshalb auch so bestechend gut. Durch den vollverglasten Gebäudeanschluss wird an den schlichten Anbau aus den 50er-Jahren ein schmaler, unprätentiöser Neubau auf schlanken Betonstützen angedockt. In der Gebäudefuge befindet sich auch der separate Zugang zur Wohnung im Obergeschoss.

Wie selbstverständlich ergänzt der Anbau das Bestandsgebäude zu einem neuen Ganzen.

Unter dem ausladenden Überstand wird die großzügige Verglasung gegen Witterungseinfluss geschützt. Der Rasen läuft unter dem aufgeständerten Anbau hindurch.

An der Gartenseite verbindet eine "Kapitänstreppe" den Balkon mit der großen Dachterrasse, die einen weiten Ausblick über die angrenzenden Felder erlaubt.

Der Gartenraum kann unter dem Gebäude weiterhin durchfließen. Städtebaulich dominiert die großflächig verglaste Gebäudeecke, die zudem durch die auskragende „Krempe" eines Betonvordachs betont wird, die schiefwinklige Straßenkreuzung. Die rautenförmig entwickelte Wohnraumerweiterung bringt zum einen die erwünschte Helligkeit ins Gebäude, zum anderen spiegelt sie die Grundstücksform wider.

Zum Garten hin löst sich die Strenge des Baukörpers zu Gunsten zweier abgestuften Terrassen auf. Der Treppenzugang zur Dachterrasse windet sich um eine markante Wandscheibe. Dort können die Bauherren nach Ladenschluss die abendlichen Sonnenuntergänge mit Blick über die Felder bis hinüber zur fernen Silhouette des Märkischen Viertels in Berlin genießen. Die Eingriffe in den Bestand der alten Wohnung beschränkten sich im Wesentlichen auf den Austausch der Fenster und kleinere haustechnische Anpassungen auf den heutigen Standard.

Der Gebäudezugang befindet sich bewusst etwas zurückversetzt im verglasten Übergang zwischen den Bauteilen. Diese Zäsur soll zwischen Alt und Neu vermitteln.

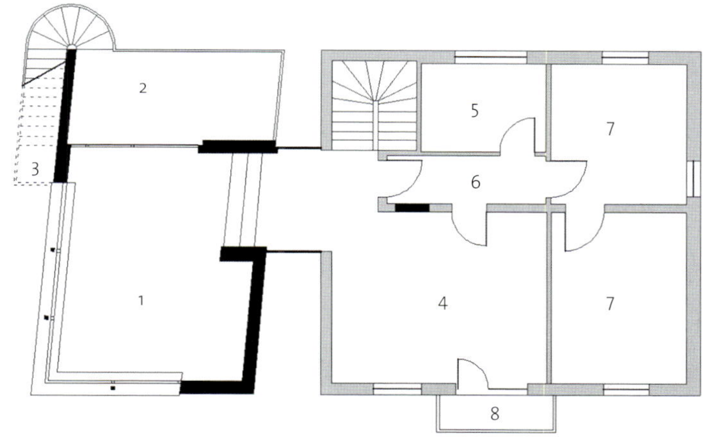

Obergeschoss
M 1:200

1 Wohnen
2 Terrasse
3 Treppe zur Dachterrasse
4 Küche/Essen
5 Bad/WC
6 Flur
7 Schlafen
8 Balkon

Baudaten:

Baujahr Bestand:
ca. 1958
Bauweise:
Vollziegelmauerwerk mit Betondecken
Baujahr Umbau:
1998
Grundstücksgröße:
ca. 950 m²
Wohnfläche vorher/nachher:
ca. 85 m²/133 m²
Anzahl Bewohner:
2
Baukosten gesamt:
157.300 Euro
Baukosten je m²:
1.180 Euro

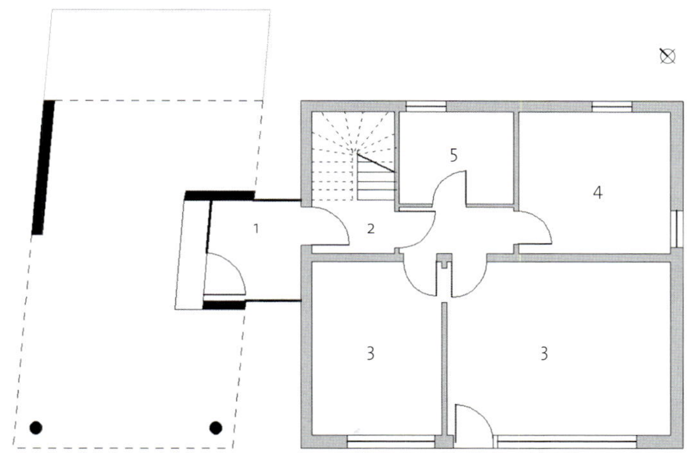

Erdgeschoss
M 1:200

1 Eingang
2 Treppenhaus
3 Apotheke
4 Lager
5 Bad

Als Ergänzung der kleinen Wohnung über der ehemaligen Apotheke wünschten sich die Bauherren ein geräumiges Wohnzimmer.

Einfache Industriedetails prägen die Gestaltung der Spindeltreppe zum Dach.

Neues Leben im Holzmöbel

Anbau an ein Wohnhaus in Bad Neuenahr

Architekt: Hans-Jürgen Mertens, Bad Neuenahr-Ahrweiler

Lageplan

Projektübersicht:

Aufgabe:
An- und Umbau eines Wohnhauses in Bad Neuenahr
Bedingungen:
Enges Grundstück, Brandwand zum Nachbargebäude
Lösung:
Anbau in Holzsystembauweise
Sonstiges:
Bestand wurde nur geringfügig umgebaut
Bauweise und Materialien Anbau
Wände:
Gedämmte Holzrahmenbauweise
Decken:
Holzbalken mit Holzwerkstoffplatten

Zurückgesetzt von der Straße besticht im rheinischen Bad Neuenahr ein kleiner Anbau an ein zurückhaltendes Wohnhaus durch seine Bescheidenheit und den Baustoff Holz. Das kleine Grundstück ist an seiner Längseite umgeben von einer hohen Brandwand eines nachbarlichen Backsteinbaus. An der gegenüber liegenden Längsseite war die Zufahrt zum rückwärtigen Nachbarn freizuhalten. Der Wunsch der Bauherren, das kleine Wohngebäude kostengünstig und mit kurzer Bauzeit zu modernisieren, war gepaart mit dem Ansinnen, zwei zusätzliche Räume zu erhalten. Weiterhin sollte ein Stellplatz für das Auto geschaffen werden.

Der Entwurf des Architekten ließ das Hauptgebäude nahezu unangetastet. Den Anbau und dem Carport ordnete er entlang der Brandmauer als Rückgrat bandförmig an. An der Straße steht ein schlichter Holzrahmenbau, der dem Auto als Unterstellplatz dient. Unter dem selben Dach, daran angegliedert, befindet sich ein schmaler, geschlossener Geräteraum. In der weiteren Abfolge erstreckt sich eine breite Holzterrasse vor dem zweigeschossigen Anbau, dessen Kubatur sich schnörkellos gerade zeigt und mit Seekieferplatten verkleidet ist. Im Erdgeschoss pointiert ein kastenförmig ausgestülptes Eckfenster und darüber der zurückgesetzte Gebäudeeinschnitt unter einem auskragenden Flachdach die moderne Formensprache.

Es galt beengte Grundstücksbedingungen zu meistern.

Wie aus einem Guss wirkt die bildhaft profilierte Gebäudeabfolge: Beginnend mit dem Carport, dann die Terrasse, gefolgt vom eigentlichen Anbau und dem im Hintergrund auskragenden Treppenhaus des Altbaus.

An der Schnittstelle vom Altbau zum Neubau wurden neue Durchgänge geschaffen und vor der Ziegelwand des Nachbarn ein neue Schale als Brandschutzwand erstellt.

Nach den Vorarbeiten war der Holzbau in zwei Tagen errichtet.

Die Douglasien-Schalung steht im Kontrast zur Patina der hohen Brandwand.

Die Eckverglasung bietet viel Aussicht und wirkt gleichzeitig wie eine „Licht-kanone“. Innen wurde das Holzhaus mit Trockenbau ausgekleidet und lediglich weiß gestrichen.

Von der Terrasse aus erreicht man über die zweiflügelige Tür den Wohnraum, der in einer Flucht mit dem Essraum und der jenseits der Treppe angebundenen Küche gewissermaßen die „öffentliche" Zone darstellt. Im Obergeschoss darüber liegt der private Bereich mit Arbeitsraum, Bad, Schlafraum, Allraum und Loggia. Die Konstruktion des Anbaus ist denkbar einfach. Das Holzriegeltragwerk, durch Seekieferplatten ausgesteift, steht auf den Streifenfundamenten der Betonplattform. Ursprünglich sollte auch die der benachbarten Brandwand zugeordnete Hauswand in brandresistenter Holzbauweise ausgeführt werden. Um das Gebäude jedoch bestmöglich auszusteifen, wurde in Absprache mit dem Statiker eine massive Betonziegelwand mit betonierten Stützen gewählt. In den Deckenebenen ergänzen Balkenringanker dieses System. Der Eingriff in den Altbestand blieb bis auf zwei Durchbrüche marginal. Die Haustechnik wurde, da noch nicht renovierungsbedürftig, nur um ein paar Heizkörper erweitert. Decken und Wände des Anbaus wurden analog zum Massivbau in Trockenbau ausgeführt, sodass innen auf den ersten Blick die unterschiedliche Materialität der Konstruktion nicht sichtbar wird.

Erdgeschoss
M 1:200

1 Küche
2 Diele
3 WC
4 Essen
5 Wohnen
6 Terrasse
7 Abstellraum
8 Carport
9 Eingang

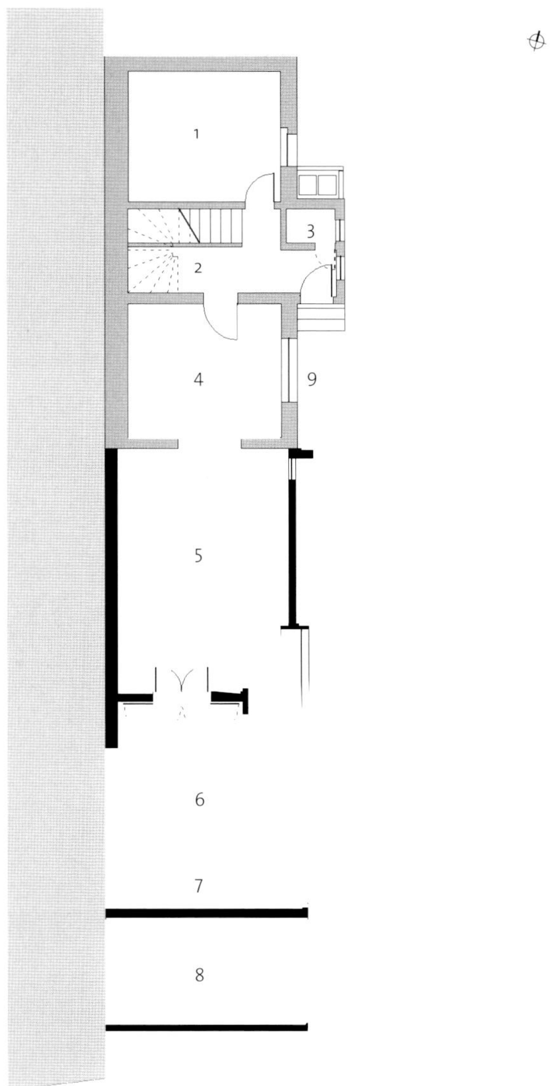

Obergeschoss
M 1:200

1 Arbeitsraum
2 Diele
3 Bad/WC
4 Schlafen
5 Allraum
6 Loggia

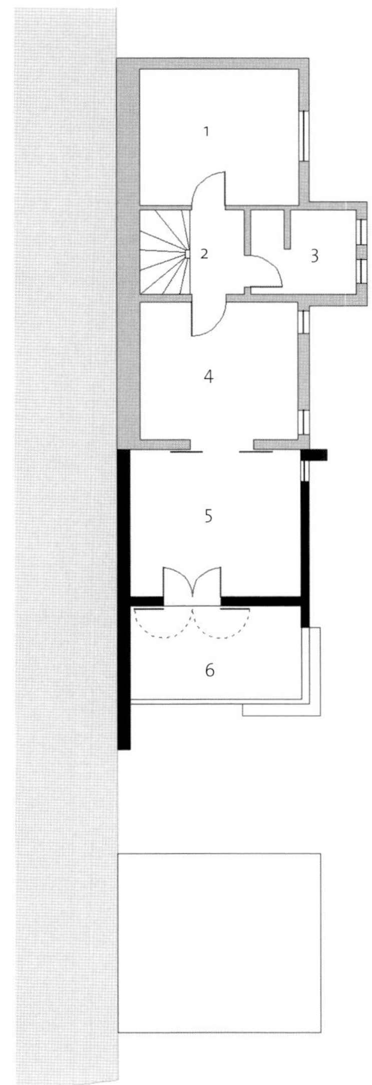

Baudaten:

Baujahr Bestand:
ca. 1932
Bauweise:
Verputztes Ziegelmauerwerk mit Holzbalkendecken
Baujahr Umbau:
2001
Grundstücksgröße:
ca. 240 m²
Wohnfläche vorher/nachher:
76 m²/124 m²
Anzahl Bewohner:
2
Baukosten gesamt:
ca. 54.900 Euro
Baukosten je m²:
720 Euro

Kontrast und Einheit

Anbau an ein Siedlungshaus in Hamburg
Architekten: Spengler+Wiescholek, Hamburg

Lageplan

Projektübersicht:

Aufgabe:
An- und Umbau eines Siedlungshauses in Hamburg
Bedingungen:
Massives Backsteinhaus und enger Grundrisszuschnitt
Lösung:
Dreigeschossiger Anbau als „gläserner Kubus"
Sonstiges:
Verbesserung der Wärmedämmung im Altbau, neue Fenster, neue Haustechnik
Bauweise und Materialien Anbau
Wände:
Stahlbeton/Ziegel, Dämmung, emailliertes Glas
Decken:
Stahlbeton unterseitig sichtbar
Dächer:
Flachdach mit dreilagiger Bitumenabdichtung

Gebrannter Backstein prägt viele Häuser im Norden Deutschlands. Das Baumaterial dankt seine Herkunft traditionellen Ziegeleien, die in den Schwemmland-Ebenen oft auch mit Torf befeuert wurden. In den 50er-Jahren erlebte das Baumaterial im Norden ein kleines Revival, als es galt mit einfachen Mitteln den Wohnungsbedarf in den teils großflächig zerbombten Großstädten zu decken. Auch bei diesem Wohnhaus in Hamburg standen die Architekten mit den jungen Bauherren vor dem Problem, wie heutige Wohnraumbedürfnisse im Altbestand unterzubringen sind. Die Entscheidung war zwangsläufig, dass nur mit Hilfe einer Wohnraumerweiterung eine vernünftige Modernisierung möglich ist.

Der neue Baukörper sollte mit dem alten durchaus in Konkurrenz treten, die alte Formensprache aber keinesfalls auf billige Weise adaptieren. Unter dem Motto der Architekten „Gegensätzliches als Ganzes" zu zeigen, konnte die fast monolithische Wirkung des knappen Baukörpers aus rotem Ziegelstein und dunkelbraun patinierten Dachziegeln nur durch den Kontrast mittels eines äußerst reduzierten Kubus aus emaillierten Glaspaneelen sichtbar gemacht werden. Die auf den ersten Blick etwas abweisende Straßenfassade deckt in der weiteren Abfolge ihren tieferen Sinn auf: Während sich der Anbau aus funktionalen Gründen zur Straße hin bis auf wenige Öffnungen geschlossen erweist, öffnet sich sein Innenleben über einen verglasten

Während der Rohbauphase blieb der Altbau unangetastet.

Zur Straße hin bleibt die Fassade bis auf wenige Öffnungen geschlossen. Der umgebende Baumbestand spiegelt sich in den emaillierten Glaspaneelen.

Nachtansicht der Gartenseite: Der Glasvorbau greift über beide Geschosse hinweg.

Wintergarten zum Garten hin. Die Stahlfassade steht frei vor der Deckenkante des Obergeschosses, das durch eine zusätzliche interne Glasfassade zwar Licht erhält, aber vom Luftraum des Wohnzimmers im Erdgeschoss getrennt bleibt. Ebenso raffiniert wie einleuchtend erhalten zwei Räume im Kellergeschoss Licht über Glasbaustein-Decken. Die Modernisierung erstreckte sich weit über das allgemein übliche Maß hinaus. Während im Bestand bis auf kleine Veränderungen wie neue Fenster mit Wärmeschutzverglasung und neue Parkettböden wenige Umbauten erkennbar sind, zeigen Bauteile wie ein Stahl-Glas-Podest an der Nahtstelle zum neuen Anbau, dass besonderes Augenmerk auf die Verzahnung von Alt und Neu gelegt wurde. Die sichtbar gebliebenen Stahlbetondecken im Anbau belegen den Anspruch der Architekten und Bauherren, das Alte mit zeitgemäßer Haptik nicht nur zu konterkarieren, sondern zu thematisieren. Auch hinter den Kulissen wurde richtig modernisiert: Eine komplett neue Heizanlage nach aktuellsten Standards versorgt Bestand und Neubau. Die Heizkörper wurden, wenn notwendig, ausgetauscht, alte Heizleitungen durch neue ersetzt. Das bestehende Siedlungshaus konnte seine Eigenständigkeit bewahren und ist noch immer ein authentisches Dokument seiner Entstehungszeit.

Die Betonoberfläche von Stützen und Decken wurde absichtlich roh belassen, um die klaren Konturen des Neubaus gegen die innen verputzten Backsteinwände des Altbaus auch optisch erkennbar abzusetzen.

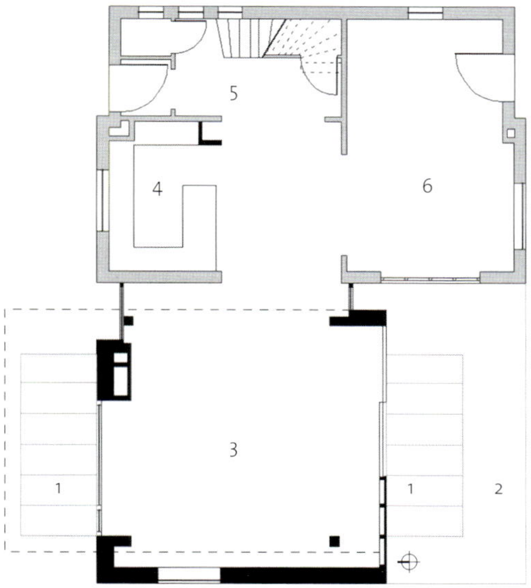

Erdgeschoss
M 1:200

1 Glasbausteindecke
2 Terrasse
3 Wohnen
4 Küche
5 Diele
6 Essen

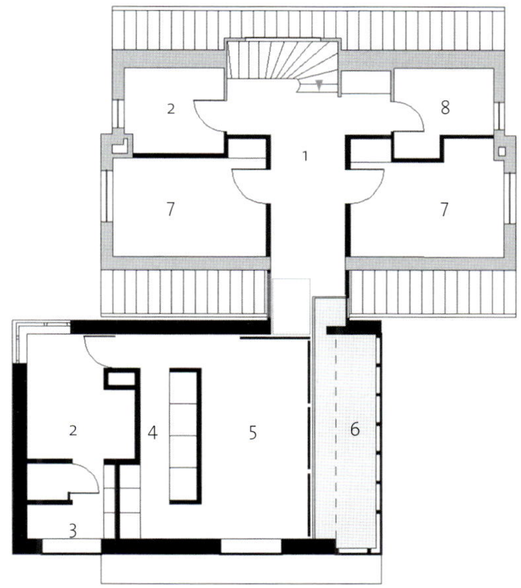

Obergeschoss
M 1:200

1 Diele
2 Bad
3 Toilette
4 Ankleide
5 Eltern
6 Luftraum
7 Kind
8 Gast

Baudaten:

Baujahr Bestand:
etwa 1950
Bauweise:
Vollziegelmauerwerk mit Holzbalkendecken
Baujahr Umbau:
1999
Grundstücksgröße:
ca. 800 m^2
Wohnfläche vorher/nachher:
120 m^2/230 m^2
Anzahl Bewohner:
3
Baukosten gesamt:
ohne Angabe
Baukosten je m^2:
ohne Angabe

Die Milchglasscheibe ist Trittpodest und eröffnet als Auftakt den Übergang zum Neubau. Die Bodenbeläge des Altbaus wurden wie im Neubau durch Parkettflächen ersetzt.

Glas bietet viele Möglichkeiten: Von der Spiegelung der rückseitig emaillierten Wandverkleidung über opake Milchgläsern neben voll transparenten Fensterscheiben bis zu durchscheinenden Glasbausteinen.

Aufgesattelt

Aufstockung einer Doppelhaushälfte in Pullach bei München

Architekten: Illig, Weickenmeier+Partner, München mit Alexander Reichel, München

Lageplan

Die meisten Häuser aus den 50er-Jahren haben eine klare, jedoch auch etwas „spießbürgerliche" Anmutung

Projektübersicht:

Aufgabe:
Umbau und Aufstockung einer Doppelhaushälfte in Pullach bei München

Bedingungen:
Mangelhafter Schallschutz, veraltete Haustechnik, schlecht gedämmtes Dach

Lösung:
Komplette Modernisierung, teilweise Aufstockung und zusätzlicher Wintergarten

Sonstiges:
Solarkollektoren als Zusatzheizung, Regenwasser-Rückgewinnung

Bauweise und Materialien

Aufstockung

Wände:
Hochlochziegel mit zusätzlichem Vollwärmeschutz

Decke:
Stahlbetondecke mit mittigen Stahlstützen notwendig

Dach:
Steildach mit Betonbiber-Deckung; Zellulosedämmung

Die Bauherren waren enttäuscht von ihrem „Traumhaus", einer kleinen Doppelhaushälfte mit Garten, die sie im ländlich geprägten Pullach erwarben. Da die Fenster undicht waren und eine Wärmedämmung praktisch nicht vorhanden, wurden sie an kalten Wintertagen gezwungen, die Gasflamme des Küchenherdes als Zusatzheizung einzusetzen. Dass aber Geräusche aus dem Nachbarhaus und Straßenlärm kaum gedämpft in die Wohnräume eindrangen, war auf Dauer nicht erträglich. Da ohnehin durch strenge Bauauflagen nicht anders hätte gebaut werden dürfen, wurde die Lösung, das Haus abzureißen und neu aufzubauen, verworfen. Die altersbedingten Mängel an der Bausubstanz sollten deshalb grundlegend beseitigt und das Haus großzügiger konzipiert werden. Nur durch einen Teilabbruch eines eingeschossigen Anbaus an der Kopfseite ließ sich der Vorschlag der Architekten verwirklichen.

Das vergrößerte Bauvolumen mit einer zusätzlichen, halbgeschossigen Dachaufstockung sprengte jedoch die Vorgaben des Bebauungsplans über die maximal mögliche Geschossanzahl. Schließlich konnte nur mit dem Argument, der hohe First würde eine Lärmminderung für die benachbarten Grundstücke bedeuten, eine Genehmigung durch die übergeordnete Baubehörde erreicht werden. Den Preis, dass der direkte Zugang von der Straße zum Grundstück verloren ging, haben die räumlichen Gewinne durch die Modernisierung jedoch mehr als aufgewogen.

Durch den Abbruch des Nebengebäudes schob sich der Grundriss des Erdgeschosses bis an die Garage und bot damit Platz für einen offenen Wohn-/Essbereich mit angegliederter Küche. Sonnenlicht dringt dank eines neuen Glasanbaus an der Gartenseite bis tief in den Wohnraum. Die ehemalige Holzbalkendecke wurde durch eine weit gespannte Stahlbetondecke ersetzt, die in der Flucht der ehemals tragenden Wand durch zwei Stahlstützen abgefangen werden musste. Im angehobenen Dachgeschoss

Hoch ragt der aufgestockte Giebel mit dem zusätzlichen Dachstudio im Spitzboden über dem Garagendach auf. Erst nach dem Einspruch bei der Baubehörde mit Hinweis auf den verbesserten Lärmschutz der Nachbarbebauung wurde der Aufstockung des bestehenden Gebäudes zugestimmt.

Vom Garten aus hat das Haus nicht nur an Größe, sondern auch an Qualität gewonnen.

Der aus der Baukörperflucht vortretende Glasanbau wurde zur Lieblingssitzecke der Bauherren. Oft muss es nicht viel Bauvolumen sein, um die Wohnqualität zu steigern.

Vom Vorraum des Obergeschosses führt eine zweiteilige Holztreppe zum Dachstudio empor. Der untere Treppenkörper wirkt wie ein Gegenstück zum oberen Lauf.

Die statische Wirkung der ehemaligen Außenwand wurde im Wohnraum durch zwei dünne Stahl-Rundstützen ersetzt.

entstanden zwei neue Schlafräume. Über eine hölzerne Differenztreppe, die mit dem Positiv-Negativ-Thema spielt, erreicht man von den Schlafräumen aus durch die Diele des Dachgeschosses im Spitzboden ein zusätzliches Dachstudio. Die Bauherren trugen mit viel Eigenleistung dazu bei, dass die von ihnen angestrebte Qualität auch innerhalb des knappen Kostenrahmens möglich werden konnte. Vier Vakuum-Solarkollektoren auf dem Dach der Garage, ein Brennwertkessel im Keller und eine Regenwasser-Rückgewinnungsanlage tragen neben einer verbesserten Wärmedämmung aller Außenwände und Dächer zur optimalen Energiebilanz bei.

Baudaten:

Baujahr Bestand:
1951
Bauweise:
Ziegelmauern und Holzbalkendecken
Baujahr Umbau:
1999
Grundstücksgröße:
ca. 440 m²
Wohnfläche vorher/nachher:
67 m²/123 m²
Anzahl Bewohner:
2
Baukosten gesamt:
ca. 194.000 Euro
Baukosten je m²:
1.075 Euro

Licht war das Hauptthema bei der Gestaltung des Übergangs von der Küche zum Essraum.

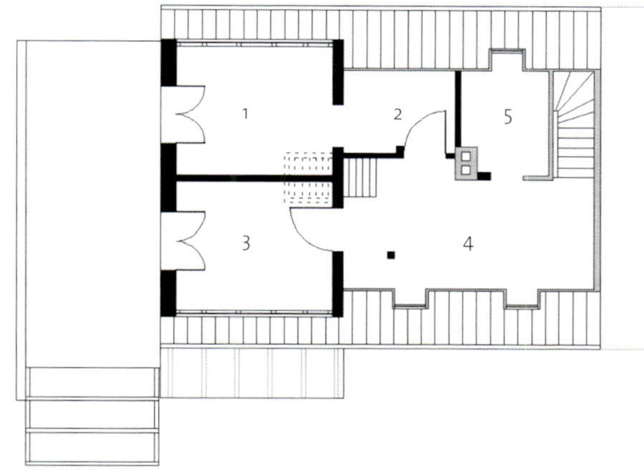

Obergeschoss
M 1:200

1 Eltern
2 Ankleide
3 Kind
4 Wohndiele
5 Bad/WC

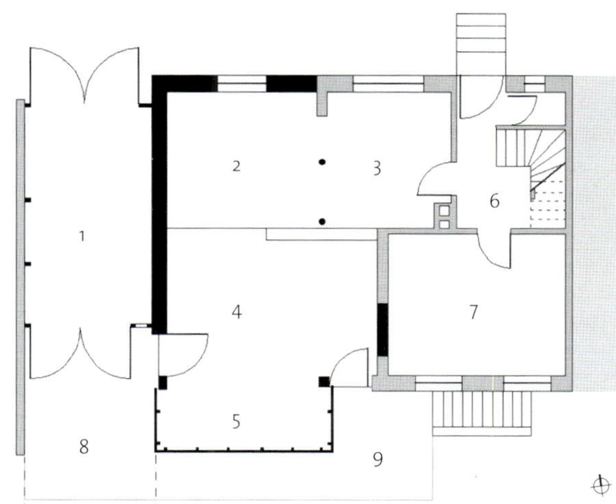

Erdgeschoss
M 1:200

1 Garage
2 Essen
3 Küche
4 Wohnen
5 Wintergarten
6 Diele
7 Gast
8 Pergola
9 Terrasse

Aufstockung mit Klammer

Aufstockung eines Wohnhauses in Bad Soden/Taunus

Turkali Architekten, Frankfurt am Main

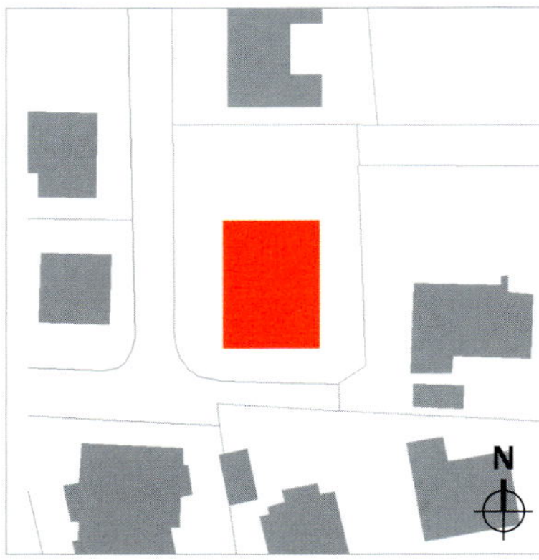

Lageplan

Projektübersicht:

Aufgabe:
Umbau und Aufstockung eines Wohnhauses in Bad Soden im Taunus

Bedingungen:
Massives Ziegelhaus und U-förmiger Grundriss

Lösung:
U-förmige Aufstockung, Abbruch des Daches, Komplettumbau

Sonstiges:
Durchgehende Wärmedämmfassade, neue Fenster, neue Haustechnik

Bauweise und Materialien Aufstockung

Wände:
Hohlkammerziegel, Dämmung

Dach:
Holzbalkenkonstruktion als Flachdach mit Bitumenabdichtung

Ohne jede Frage lässt es sich an den Südhängen des Taunus oberhalb der Rhein-Main-Ebene schön wohnen. Weil die Lage so bestechende Vorteile bietet, sind die Grundstücke rar. Ein altes Haus zu erben oder zu kaufen und dann zu modernisieren bietet die Möglichkeit, ein bereits eingewachsenes Grundstück aufzuwerten. Die Familie der Bauherren benötigte mit den drei Kindern zudem viel Platz. Der eineinhalbgeschossige Bau, der Ende der 50er-Jahre errichtet wurde, konnte die Wohnraumwünsche nicht zufrieden stellen, da ein Teil der Räume des Untergeschosses zur Hälfte im Hang steht und deshalb nur bedingt als Wohnraum zu nutzen war. Es zeigte sich, dass eine Sanierung des Daches und eine nachträgliche Dämmung der Wände ohnehin notwendig waren.

Auf dem abschüssigen Hang wäre ein Anbau nur durch schwierige Gründungsmaßnahmen und damit verbundene hohe Folgekosten zu erkaufen gewesen. Eine Aufstockung war deshalb die effektivste Lösung. Die im Erdgeschoss ausgebildete U-Form des Grundrisses wurde im Obergeschoss aufgenommen, wobei die beiden Flügel durch einen wärmegedämmten Betonbalken einen optischen Zusammenhalt erhalten. Während an der Straßenseite die glatte, fast strenge Fassade nur von den scheinbar beliebig gesetzten Fensteröffnungen überspielt wird, öffnet sich der Baukörper auf der Gartenseite. Der als Verbindungselement wirkende Betonbalken zwischen den Flügeln übergreift das Erdgeschoss und die Terrasse im Obergeschoss wie eine Klammer. Die weiße Dämmfassade wird von verschieden tiefen Fensterlaibungen variationsreich gezeichnet: Im Erdgeschoss liegen

Zustand vor dem Umbau.

Im Zuge der Modernisierung wurde die Aufstockung und der darunterliegende Bestand komplett mit einem Vollwärmeschutz versehen. Unten blieben die alten Holzrollläden erhalten.

Im Souterrain und im Hochparterre blieben die alten Fenster erhalten. Die neuen Fenster des Obergeschosses sitzen bündig mit der Fassade und lassen sich ausklappen oder verschieben.

Die homogene Wirkung des U-förmigen Gebäudes wird im Wesentlichen durch den großen Dachbalken erzielt.

Von der Dachterrasse auf dem ehemaligen Dach des Altbaus eröffnet sich der Blick hinunter in den geschützten Hof und in den Garten.

die herkömmlichen Drehflügelfenster etwas zurückversetzt in der Lochfassade, während oben die neuen, nach außen öffnenden Fenster bündig mit der Fassadenebene liegen. Die feine Profilierung des Baukörpers setzt sich in den Innenräumen in einer ebenso differenzierten Lichtführung fort. Im Zentrum des tiefen Grundrisses, unmittelbar über der einläufigen Treppe, sitzt ein tief in die Decke eingeschnittenes Dachoberlicht, das nur gebündeltes Streiflicht einfallen lässt.

Der Bereich vor der Treppe wird zusätzlich durch die viergeteilte seitliche Verglasung beleuchtet. Kubische Sideboardelemente aus Eiche begrenzen den Treppenabgang an Stelle eines herkömmlichen Geländers. Die weißen Putzoberflächen von Wänden und Decken wirken klar und unaufdringlich. Alle Böden wurden in einem hellen Stabparkett ausgeführt. Um die Räume des Obergeschosses möglichst flexibel nutzen zu können, lassen sich raumhohe, weiß lackierte Faltwände verschieben. Dadurch ergeben sich überraschende Raumveränderungen. Im Zuge der Generalsanierung wurde auch das Heizsystem nach der damals geltenden Wärmeschutzverordnung neu errichtet. Die im Erdgeschoss befindlichen Sanitärräume wurden komplett erneuert und nach heute akzeptablen Standards neu eingerichtet.

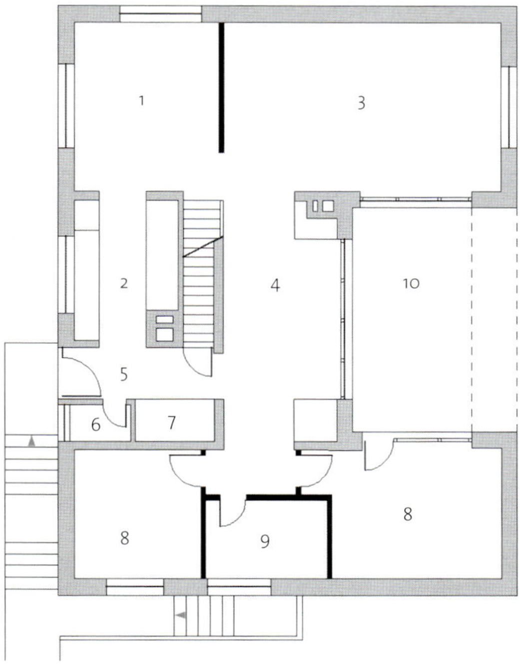

Erdgeschoss
M 1:200

1 Küche
2 Abstellraum
3 Wohnen
4 Diele
5 Eingang
6 Toilette
7 Garderobe
8 Schlafen
9 Bad
10 Terrasse

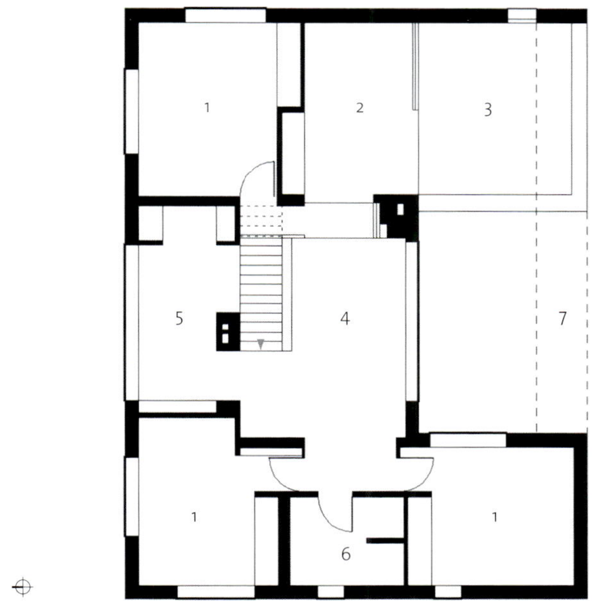

Obergeschoss
M 1:200

1 Schlafen
2 Wohnen
3 Terrasse
4 Diele
5 Arbeiten
6 Bad
7 Trogbalken

Baudaten:

Baujahr Bestand:
1959
Bauweise:
Vollziegelmauerwerk mit Betondecke
Baujahr Umbau:
2001
Grundstücksgröße:
ca. 710 m^2
Wohnfläche vorher/nachher:
156 m^2/292 m^2
Anzahl Bewohner:
5
Baukosten gesamt:
300.000 Euro
Baukosten je m^2:
1.170 Euro

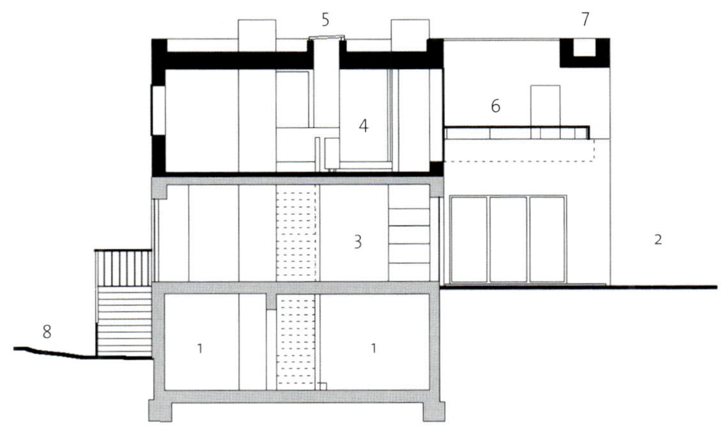

Schnitt
M 1:200

1 Keller
2 Garten
3 Wohnen
4 Schlafen
5 Oberlicht
6 Dachterrasse
7 Trogbalken
8 Eingangstreppe

Die Brüstungen der zentralen Treppe zum neuen Dachgeschoss wurden als Sideboards ausgebildet. Durch den zentralen Lichtschlitz dringt Tageslicht bis ins untere Geschoss.

Architektenverzeichnis und Bildnachweis

architektick
Tina Arndt+Daniel Fleischmann
Zypressengasse 85
CH-8005 Zürich, Schweiz
architektick@access.ch
Fotos: Peter Tillessen/Zürich
arazebra: Andrea Helbling, Fiona Meyer/Zürich

Atelier H2S
Diane Heirend - Philippe Paul Schmit - Georges Servais
architectes
7, rue Michel Rodange
L-2430 Luxembourg
h2s@pt.lu
Fotos: Lukas Roth, Köln

Andy Brauneis
Architekt BDA
Im Sack 3 a
D-86152 Augsburg
andy.brauneis@t-online.de
Fotos: Archiv Architekt

dom-ino Architekten Planer
Felchner+Kolb
Görlitzer Straße 47
D-01099 Dresden
dom-ino@t-online.de
Fotos: Herbert Boswank, Dresden

Gauselmann+Richter
Architekten BDA
Chemnitzer Straße 88
D-44139 Dortmund
mail@gauselmann-richter.de
Fotos: Eva Schwarz/Dortmund
und Christian Richters/Münster

Dirk Godau
Dipl.Ing. Architekt
Calvinstraße 40
D-44143 Dortmund
godau_architekt@lycos.de
Fotos: Archiv Architekt

Grollmitz+Zappe Architekten
Anna-Louisa-Karsch-Str. 7
D-10178 Berlin
info@grollmitz-zappe-architekten.de
Fotos: Kirsti Kriegel/Berlin

Haack+Lauerbach Architekten BDA
Villa Schott
Hauptstraße 1A
D-76879 Knittelsheim
haack.lauerbach@t-online.de
Fotos: Pixelwerk, Martin Ritzert/Karlsruhe

Hemmi+Fayet
Architekten ETH SIA
Riedhofstraße 29
CH-8049 Zürich, Schweiz
info@hemmifayet.ch
Fotos: Hannes Henz. Zürich

Illig, Weickenmeier+Partner
und Alexander Reichel
Architekt BDA
Hiltenspergerstraße 53
D-80796 München
Fotos: Bernhard Müller, Reutlingen

Keller+Brander Architekten AG
Egertastraße 6
FL-9490 Vaduz, Liechtenstein
architekten@k-b.li
Fotos: Archiv Architekten

Hans Kneidl
Rummelstraße 5
D-92637 Weiden
architekt@hanskneidl.de
Foto: Archiv Architekt

Köb+Pollak Architekten
Wälderstraße 18
A-6922 Wolfurt, Österreich
arch.koeb@aon.at
Fotos: Ignacio Martinez, Lustenau

Leitenbacher+Spiegelberger
Architekten/Innenarchitekten
Max-Kurz-Straße 12
D-83339 Chieming
spie.le@t-online.de
Fotos: Archiv Architekten

Prof. Randolph K.M. Liem
Architekturbüro
Rohrer Weg 16
D-76275 Ettlingen
randolph_kuo_ming.liem@fh-karlsruhe.de
Fotos: Ingo E. Fischer, Köln

Reinhard Martin
Freier Architekt BDA
Zuhornstraße 15
D-48147 Münster
reinhard-martin@muenster.de
Fotos: Archiv Architekt

Hans-Jürgen Mertens
Dipl.Ing. Architekt BDA
Willibrordusstraße 2
D-53474 Bad Neuenahr
mail@mertens-architekt.de
Fotos: palladium Oliver Schuh/
Barbara Burg/Köln

Atelier Erich Prödl
Architekten
Leonhardstraße 30
A-8010 Graz, Österreich
e.proedl@aon.at
Fotos: Paul Ott, Graz

Scheufler+Weissenberger
Architekt + Innenarchitektin GbR
Cranachstraße 56
D-45147 Essen-Kettwig
martina.weissenberger@arcor.de
Fotos: Archiv Architekten

Spengler+Wiescholek
Freie Architekten Stadtplaner
Elbchaussee 28
D-22765 Hamburg
office@spengler-wiescholek.de
Fotos: Archiv Architekten

Turkali Architekten
Hanauer Landstraße 48 A
D-60314 Frankfurt a.M.
Fotos: Archiv Architekten

Christof Wallner Architekt
Zentnerstraße 1
D-80798 München
ch.wallner@t-online.de
Fotos: Michael Heinrich/München

Wenzl+Huber Architekten
Maria am Sand 7
D-94152 Vornbach
info@wenzl-huber.de
Fotos: Archiv Architekten

Zimmermann Architekten AG
Bahnhofstraße 102
CH-5000 Aarau, Schweiz
office@z-arch.ch
Fotos: Archiv Architekten

Jörg Ziolkowski
Architektur
Maria-Hilf-Straße 15
D-50677 Köln
ziolkowski@netcologne.de
Fotos: Archiv Architekt

Auskunft zu Fördermitteln

Bundesamt für Wohnungswesen
Storchengasse 6
CH-2540 Grenchen, Schweiz
T. 0041-(0)32-654 9111
www.bwo.admin.ch

Bundesministerium für Verkehr, Bau und Wohnungswesen
Invalidenstraße 44
10155 Berlin
T. 0049-(0)30 -2006-300-0
www.bmvbw.de

Energieverwertungsagentur E.V.A.
Otto-Bauer-Gasse 6
A-1060 Wien, Österreich
T. 0043-(0)1-586 1524
www.eva.ac.at/esf

Kreditanstalt für Wiederaufbau
Palmengartenstraße 5-9
60325 Frankfurt am Main
Tel. 01801-33 55 77
www.kfw.de

Informations- und Beratungsstellen

Bundesamt für Energie
Monbijoustraße 74
CH-3003 Bern, Schweiz
www.energie2000.ch

Bundesarbeitskreis Altbauerneuerung e.V.
Elisabethweg 10
D-13187 Berlin
www.altbauerneuerung.de

Bundesinitiative zukunftsorientierte Gebäudemodernisierung e.V.
Geschäftsstelle Ehningen
71139 Ehningen
www.initiative-jetzt.de

Forschungsgemeinschaft für Wohnen, Bauen und Planen
Löwengasse 47
A-1030 Wien, Österreich
T. 0043-1-712 6251
www.iswb.at

Fraunhofer Informationszentrum Raum und Bau IRB
Nobelstraße 12
D-70569 Stuttgart
T. 0711-970-2500
www.irb.fhg.de

Information-Energie-Innovation „Sanierung eines Altbaus zum Niedrig-Energiehaus“
Bergstraße 15
D-57482 Wenden
T. 02762-2258
www.iei.de

Literaturverzeichnis

Altbaumodernisierung – der praktische Leitfaden
Herausgeber: Johannes Fechner
Springer-Verlag, Wien 2002

Altbaumodernisierung im Detail Konstruktionsempfehlungen
Jörg Böning
Verlag Rudolf Müller, Köln 1997

Altbauten – Beurteilen, Bewerten
Richard Kastner
Fraunhofer IRB-Verlag, Stuttgart 2000

Einführung in die Energieeinspar-verordnung 2002
Erich Cziesielski, Marc Göbelsmann, Jörg Röder
Verlag Ernst & Sohn, Berlin 2002

Konstruktiver Wärmeschutz Niedrigenergie-Hochbaukonstruktionen
E. Krüger
Verlag Rudolf Müller, Köln 1999

Modernisierung alter Häuser Planung, Bautechnik, Haustechnik
Claus Arendt
Deutsche Verlagsanstalt, München 2002

Ökologie und Bauinstandsetzen
WTA Schriftenreihe Heft 21
Herausgeber: Jürgen Gänßmantel
Aedificatio-Verlag, 2000

Ratgeber Altbau
Herausgeber: Architektenkammer Niedersachsen
Broschüre der AKNS, Hannover 2001

Wohnhauserweiterungen
Helmut Lerch
Verlagsanstalt Alexander Koch, Stuttgart 1989

Wohnungsbau-Normen
Hanns Frommhold und Siegfried Hasenjäger
Deutsches Institut für Normung DIN
Beuth-/Werner-Verlag, Düsseldorf 1994

Impressum

Streitfeldstraße 35, 81673 München
www.callwey.de, E-Mail: buch@callwey.de

Die Deutsche Bibliothek verzeichnet diese Publikation in der Deutschen Nationalbibliografie; detaillierte bibliografische Daten sind im Internet über <http:// dnb.ddb.de> abrufbar.

ISBN 3-7667-1543-7

Umschlag-, Buchgestaltung und Satz:
Griesbeck & Griesbeck, München
unter Verwendung von Abbildungen der Seiten 23 und 75
Litho: Reproteam Siefert, Ulm
Druck und Bindung:
Memminger MedienCentrum
Printed in Germany 2003

Leitsystem

Projekte mit den folgenden Sanierungsschwerpunkten, Besonderheiten, Baukosten etc. sind hier schnell aufzufinden.

Änderungen, Schwerpunkt Bäder:
S. 22, S. 38, S. 52

Änderungen, Schwerpunkt Küche:
S. 38, S. 80, S. 116

Austausch der alten Fenster durch neue Isolierglasfenster:
S. 22, S. 26, S. 32, S. 42, S. 52, S. 64, S. 74, S. 80
S. 84, S. 88, S. 96, S. 100, S. 104, S. 116, S. 120

Baujahr Bestand, 1900 – 1910: S. 18 – S. 31
Baujahr Bestand, 1911 – 1920: S. 32 – S. 37
Baujahr Bestand, 1921 – 1930: S. 38 – S. 59
Baujahr Bestand, 1931 – 1940: S. 60 – S. 99
Baujahr Bestand, 1941 – 1950: S. 100 – S. 103
Baujahr Bestand, 1951 – 1960: S. 103 – S. 123

Baukosten unter 1.000 Euro pro m²:
S. 18, S. 74, S. 80, S. 88, S. 100, S. 108

Bewohnbarkeit während der Modernisierung:
S. 18, S. 46, S. 60, S. 96, S. 104

Denkmalschutz-Anforderungen:
S. 22, S. 52, S. 100

Gesamtkosten unter 150.000 Euro:
S. 18, S. 52, S. 56, S. 60, S. 80, S. 88, S. 96, S. 108

Teilweise oder komplette Heizungssanierung:
S. 18, S. 22, S. 26, S. 32, S. 42, S. 46, S. 64, S. 70
S. 84, S. 88, S. 100, S. 112, S. 116, S. 120

Vorfertigung Anbauten:
S. 18, S. 46, S. 96, S. 108

Zusätzliche Wärmedämmung an Außenwänden oder Dächern:
S. 38, S. 42, S. 52, S. 74, S. 88, S. 100, S. 108, S. 120

Fotonachweis, Vorspann:

Seite 2: Archiv Reinhard Martin
Seite 4: Archiv Dirk Godau
Seite 5: Michael Heinrich

Dank

Das Entstehen dieses Buches wäre ohne tatkräftige Unterstützung nicht denkbar gewesen:
In erster Linie möchte ich den Verleger, Herrn Helmuth Baur-Callwey in meinen Dank einschließen, ohne dessen verlegerisches Engagement viele Bücher zur aktuellen Architektur schon seit Jahren nicht entstanden wären. In seinem Hause erfuhr ich vor allem durch Herrn Dr. Stefan Granzow, weiterhin durch Frau Dorothea Montigel und Herrn Tim Westphal wesentliche Beratung und Betreuung während der Recherche und Projektauswahl. Bedanken will ich mich weiterhin bei den Bauherren und deren Architekten, deren Projekte in diesem Buch veröffentlicht werden. Ohne ihr Engagement und ihre Hilfestellung wäre eine Dokumentation des Themas in der vorliegenden Form nicht möglich gewesen. Wesentlich zum Erscheinungsbild tragen auch die Zeichnungen bei, die durch Herrn Jens Schiewe in eine einheitliche Form gebracht wurden. Viel Verständnis und Unterstützung erfuhr ich auch von Frau Cornelia Berg, die die Texte mehrmals Korrektur gelesen hat. Zuletzt möchte ich mich für die Hilfe all der Ungenannten bedanken, die im Hintergrund mitwirkten und erhoffe mir mit Ihnen, dass die vorliegende Publikation den erwünschten Erfolg haben wird.

CALLWEY
Für die Zukunft gestalten.

Individuell bauen

Immer mehr Bauherren entscheiden sich für Einfamilienhäuser, die in Werkhallen vorfabriziert werden. Die Vorteile: durchgehende Qualitätskontrolle, kürzere Bauzeiten, Planungs- und Kostensicherheit. Beispiele zeigen, dass dabei entgegen landläufigen, am standardisierten Fertighaus orientierten Vorstellungen keine Abstriche an Originalität und Individualität gemacht werden müssen. Pläne und Fotos dokumentieren die 24 vorgestellten Projekte.

Anton Graf
Vorgefertigte Einfamilien- und Reihenhäuser
128 Seiten, 150 Abbildungen, 70 Pläne.
Gebunden.
ISBN 3-7667-1539-9

Schwierige Grundstücke erfordern vom Architekten ein hohes Maß an Kreativität und Mut. Sabine Schneider zeigt architektonische Lösungen auf höchstem Niveau. 25 Einfamilienhäuser werden mit Lageplan, Grundriss und Schnitten sowie verschiedenen Ansichten vorgestellt. Zahlreiche Fotos und Pläne, Adressen und Literaturhinweise machen dieses Buch zu einer praxisnahen und ideenreichen Entscheidungshilfe.

Sabine Schneider
Einfamilienhäuser auf schwierigen Grundstücken
128 Seiten, 144 Abbildungen, 94 Pläne.
Gebunden.
ISBN 3-7667-1527-5